青春读写

张晓郦／主编

云南出版集团

云南美术出版社

图书在版编目（CIP）数据

青春读写 / 张晓郦主编. — 昆明：云南美术出版社，
2019.7

ISBN 978-7-5489-3900-9

Ⅰ.①青… Ⅱ.①张… Ⅲ.①阅读课—教学研究—中学②作文课—教学研究—中学 Ⅳ.①G633.302

中国版本图书馆CIP数据核字（2019）第153202号

出 版 人：李　维　刘大伟
责任编辑：张湘柱　庞　宇
责任校对：刘彦妮　张小娅
装帧设计：北京言之凿文化发展有限公司

青春读写

张晓郦/主编

出版发行：云南出版集团　　云南美术出版社
制版印刷：北京政采印刷服务有限公司
开　　本：889mm×1194mm　1/16
字　　数：212千
印　　张：11.75
印　　数：550
版　　次：2022年6月第1版
印　　次：2022年6月第1次印刷
书　　号：ISBN 978-7-5489-3900-9
定　　价：45.00元

编 委 会

序　言

做好青葱岁月的书记员

　　法国著名作家巴尔扎克的《人间喜剧》是一部伟大的现实主义作品总集，形象地表现了法国社会的方方面面，而当别人盛赞他辉煌的成就时，他却表示："法国社会将成为历史学家，我不过是这位历史学家的书记员而已。""书记员"这个称谓有几分道理，能将所经历的事儿记录清楚可不就要尽职尽责吗？指导习作，就是要让学生们用手中的笔将学习生涯中的所见、所闻、所感真实地记录下来，描绘出成长的轨迹。青葱岁月，每个人都只能经历一次。那就不妨让每一位亲历者做自己生活的书记员，记录下生活的点点滴滴、感受的丝丝缕缕，不要将一份空白留在自己珍贵的时光中。

　　任何形式的写作都是一种行为方式，是一种实践活动。它是借助书面语言完成观念与感情传递的制作复杂精神产品的过程，这一过程的直接结果就是形成了一篇新的文章。何为文章呢？文章可以说是以文字为媒介，表情达意、阐事明理、有篇章组织的信息传递的载体。文章的优劣取决于写作能力的高下，运用文字的熟练程度，准确、严谨地表述思维以及如何构制词句篇章的技能和技巧。能自如的写作，是一件多么快乐的事情。如何指导写作，《语文课程标准》在阐述课程总目标时指出，学生要"能具体明确、文从字顺地表述自己的意思。能根据日常生活需要，运用常见的表达方式写作"。一名学生自上学开始，从"写话"到"习作"要用十年左右的时间来练习，由最初的对写话有兴趣，写自己想说的话，写想象中的事物，写出自己对周围事物的认识和感想到能不拘形式地写下见闻、感受和想象，注意表现自己觉得新奇、有趣、印象最深或最受感动的内容；再到养成留心观察周围事物的习惯，有意识地丰富自己的见闻，珍视个人的独特感受，积累习作素材；最终能够使自己的文章内容具体，感情真实。达成这样的目标并不是一件容易的事情，需要扎实系统的训练和严格的要求。

说到提高写作能力，也许能列举出很多途径，包括学习知识，观察积累，记忆储存，训练思维，丰富想象，培养情感，锻炼意志；从说到写，推敲修改，多读勤写等。然而，对学生来讲，最关注的无非就是"写什么"和"怎样写"这两个问题。写什么——生活中取材；怎样写——范文中取法。如果缺乏真切的生活积累和感受，搜肠刮肚式地找素材来填补文章，那只可能是缘木求鱼，所发感慨也只能是无病呻吟。若有了一定的材料，却不知怎样去布局谋篇、遣词造句，所写出的文字也一定会杂乱无章。著名教育家叶圣陶先生曾说："写任何东西决定于认识和经验，有什么样的认识和经验，才能写出什么样的东西来。反之，没有表达认识的能力，也写不出好作文。"如果不重视提高认识事物和表达事物的能力，想写出好的文章是不可能的。

俗话说："巧妇难为无米之炊。"那么，怎样才能使作文有话可说、有话可写呢？学会观察，养成留心周围事物、留心生活的习惯，是最为重要的途径。怎么想就怎么说，怎么说就怎么写——人们习惯对写作进行这样的概括。然而，在现实生活中，一篇文章的产生并非"想—说—写"这么简单。因为，没有素材的积累和题材的提炼，脑子里空空如也，能写什么呢？"生活中取材"并非是用别人的材，只有自己做一个生活的书记员，才能关注到日常的点点滴滴，才能积累起属于自己的写作素材。所以，要养成观察、认知的习惯，只有把自己所观察到的并已经认知的事物形成知识，积淀下来，才可能"想之有物"、"言之有实"，而不至于胡思乱想、胡言乱语。练习写作，一定要从练习观察入手，学会观察周围的事物。作文就是生活的一部分，就是把你在生活中的所做、所想、所说写成文字。俗话说："留心处处皆学问，留心处处皆文章。"叶圣陶先生曾对此指出："在实际生活里养成精密观察和仔细认识的习惯，是一种准备工作，不写文章，这样的习惯也得养成。如果养成了，对于写文章大有用处。"

学习写作都是从模仿开始的。这与孩提时牙牙学语一样，从别人言辞中亦步亦趋学习张嘴，揣摩语意，慢慢地就有了自主的语言和表达方式。因此，练习写作先要注重模仿，"范文中取法"就是将这种模仿细化，从仿句到仿段，再到仿篇，从遣词造句到结构伏应，再到话语方式，当然还要学习别人的素材提取、主题提炼、立意提升。从这个意义上看，范文的遴选就非常重要了。可喜的是我们手头上有现成的课本，那些文质兼美的课文是供模仿的最佳例文。同时，能做范文的还包括教师因学习的需要而择取的课外美文，这类文章契合学生练习的实际。此外，我们还要注意到，对学生写作最具影响的也许是同学间的优秀习作，因为他们的年龄相近，习性相仿，话语方式相似，这样的优秀习作被挖掘并公示出来，学生们更容易学习和借鉴。《青春读写》这本书，就是要引导学生关注自己的事，体会当下的情，借鉴同辈的文，表达真切的意。书中涉及的每类主题都契合青少年的豆蔻年华、青葱岁月，就是要让学生们用心灵去体会、用文笔去记录这段最美好的时光，当好自己青葱岁月的"书记员"。这种习作，就是不受条条框框的限制，保有无拘无束的思想，能够自由自在地写作，就是要"言为心声"，率性而为，展现自我的风采，体现鲜明的个性。

薛　强

目 录

感悟篇

收获篇

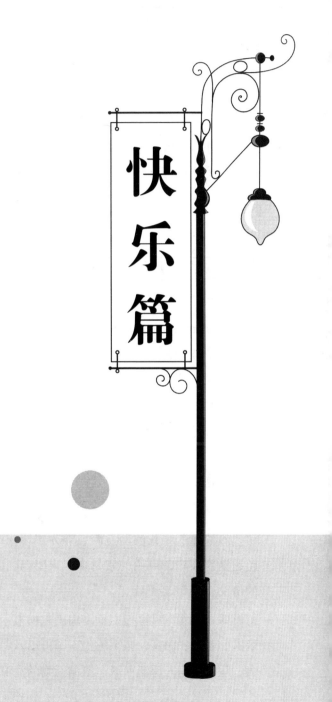

快乐篇

"我的动力源"专题

　　"你错了，他不是社区里最坏的男孩，而是最聪明，但还没有找到发泄热忱地方的男孩。"卡耐基继母的这一句话，成为激励他的一种动力，使他创造了28项黄金法则。"建造世界上最富有特色的房子"，这个美丽的梦想激发砌砖工勇往直前、义无反顾地去追求，这成为他人生中不竭的动力源，他最终实现了梦想。本期作文，我们将围绕"动力源"这个话题，把你看到的、听到的、感受到的化为努力学习的动力，砥砺前行！

▣ 精彩试题回放

　　陈忠实在获得茅盾文学奖时，说出了他的"动力源"：他看到比自己小七岁的路遥写出了那么多本优秀的小说，这成了他写作的动力。当他沥尽心血写出《白鹿原》后，他获得了成功……根据以上材料，请你以"我的动力源"为题，写一篇文章。

　　要求：①600字以上，900字以内；②文体不限（诗歌除外）；③不得出现真实的人名、校名、地名。

▣ 审题引导

　　"源"，有"根源""源头"的意思。"动力源"可以理解为"产生动力的根源"。我的动力源，即为"让我产生持续动力的人、事、物"。此题涵盖面广，可用的素材多，只要扣住"动力源"，应该不会出现跑题的情况。

　　如果写人，可以写"谁"给了我动力。从这个角度下笔几乎没有难度，亲人、老师、朋友，甚至陌生人都可以入题，但想拿高分并不容易，容易写大、写空，陷入泛泛而谈、空洞无物的泥潭。具体点来说，这个人是如何给你动力的，他的哪句话、哪个表情、哪些行为给了你动力，你由此产生了什么动力。记住，题目有个"源"字，这个动力应该是长期效应，而非短期效应，应该是能持续地给你力量的。

如果写事，可以写某个具体事件，甚至可以写某个瞬间，它触发了你的思考，激发了你的潜能，成了你成长过程中超越自我的契机。从这个角度下笔，要把时间、地点、人物，事情的起因、经过、结果写清楚，由此你产生了什么持久的动力，要具体、真实、可感地写出来，切忌大段的议论和空泛的抒情。

如果写物，某个具体的物件（奖牌、成绩单、录取通知书、手机……）、某个抽象的目标（战胜对手、改掉缺点、别人的认可、成为一个什么样的人……）都可以成为你的动力源，帮助你前进。从这个角度下笔，必须要把你自己作为中心来写，用一两件事写你的努力过程、感悟和体会，切忌写成物品介绍、目标介绍。

选材、立意举例：

（1）一个勤奋的同桌就是提醒你努力学习的动力源。

（2）精装的家里摆放着一张破旧的桌子，就是提醒你不忘艰苦岁月、珍惜现有生活的动力源。

（3）满大街的共享单车，就是提醒你保护环境、绿色出行的动力源。

（4）抽屉里有一张靠作弊得来的满分试卷，就是提醒你要做一个诚实守信的人的动力源。

（5）自己的信仰或者倔强也可以是你坚持做某一件看似不可能完成的事情的动力源。

（6）广场舞阿姨可以是我"热爱生活、乐观向上"的动力源。

学习经典，小中见大

（1）以小事见大。选取寻常小事挖掘闪光处（情、理）。选材时要具有典型性，要注意"以小见大"，选择自己在生活中受到触动并追求某个理想的事例来写，丰子恺的《竹影》一文就很有借鉴性。文章写了作者和几个小伙伴在月光下描竹影并得到爸爸关于绘画知识的教导，由此，作者一步步领悟出艺术的魅力，并最终走上艺术创作之路的事。

（2）以小人物见大。写"小点"：写人物局部，写小人物所做小事中的一两个点，如一个神态、一句话、一个习惯、一个动作……如《秋天的怀念》中的母亲；《背影》中的父亲。

（3）以小物、常景见大。选出熟悉或常见的自然景物，与某个人或某件事有关的一个物品，或借物喻人，或借物说理，或借景物抒发情怀。如《紫藤萝瀑布》以紫藤萝的际遇写人的感悟。

📖 优秀范文

我的动力源

2017年深圳中考一考生

当我拿着一张全班语文第一的试卷时，同学们投来了惊奇、慕艳的目光，老师也投来了赞许的目光，我的泪水夺眶而出。只有我才知道，是挫折给了我前进的动力，给了我今天的成绩！

记得前不久，老师用冰冷的语气叫我去讲台前取卷子，他低下的头猛然抬起，严厉的目光逼得我不敢直视："××，你是怎么考的，才考了这么点分？"

我惭愧地低下头，那分数是那么鲜红、醒目、刺眼。自责、愧疚、无奈的情绪一起涌上心头，心中充满了"难道我努力学习就真的没有回报吗？"的疑惑。

我低下了头，泪水几欲夺眶而出，我努力仰头望天，尽力把泪水收进心底。蓦然发现：天依旧那么蓝，阳光依旧那么灿烂。尽管这分数那么不尽如人意，使我情绪低落，但是，未经历风雨，怎能见彩虹！面对挫折，只有直接面对，接受挑战，才能有一个灿烂的未来。从今以后，我一改以前的做法，开始认真翻阅书本、弄懂不会的问题、查漏补缺、理清错题……我本认为是很简单的事，但实在是知易行难，理清错题这样简单的事成了我一个大坎，每天望着浩如烟海的卷子却无从下手，只能一点一点地翻阅。我这才发现，语文并不好学，原来自以为懂，实际上什么都一知半解，似会非会。没有在语文这片土地上播撒下我辛勤的汗水，又怎能收获成功？渐渐地，那窗外诱人的鸟叫不再是大自然对我的召唤，而是对我的一种考验，我充耳不闻；那砰砰的球声不再是对我的吸引，而是对我的一种鞭策，一种让我前进的动力。我不断地为自己设定目标，达成后又向着更高峰发起挑战……在这样的"鞭策"下，我取得了今天的成绩。望着同学们那惊异的眼神，我知道这一路都是挫折伴随着我，是挫折给了我前进的动力，给了我今天的成绩。

未曾经历泥泞小径的挑战，怎能知道阳光大道的平坦；未曾经历狂风暴雨的挑战，怎能知道微风细雨的沁凉；未曾经历挫折之中的艰辛，怎能知道成功之后的欣喜！

这只是人生中的一个小挫折，以后还有许多的挫折。遇到挫折我不会逃避，我会直面挫折，不断挑战，让挫折成为我前进的动力。我相信，有挫折相伴，我的人生会书写得更精彩！

点评

一张语文试卷、一个刺目的分数、一个小小的挫折，成了我前进的动力。本以为容易，没想到过程却是漫长而艰辛的，必须播撒辛勤的汗水，才能收获成功。作者详写过程，紧紧扣住题目，体现动力是源源不断的，结尾以小见大，考试如此，人生亦如此。

我的动力源

石厦中学　洪煜敏

寒假匆匆过去，新学期又开始了。正值春光明媚，百花盛开之时，校园里的炮仗花是最热闹的，它们簇拥着，好似在显露自己有多么鲜艳。

可是，见此美景，我却高兴不起来——期末考试的失利几乎令我一蹶不振，甚是烦躁。我到走廊散步，一出门就望见了那株大叶紫薇树。

我还记得去年盛夏，它顶着满树的紫红色花朵，那花儿盖住了层层绿叶，好像粉色的云霞般照亮了整个校园。可如今它却光秃秃的，看上去疲惫不堪。满目尽是棕灰色，顶着些许去年宿存的果荚，很是萧条，似乎不愿与楼下棚架上满满当当、金黄灿烂的炮仗花争艳。我深叹一口气。

可我心中还有些许的希望。"气温上升后，它也许就会长出来了。"我这么安慰自己，可是一周过去了，三周过去了，它却毫无动静。它望着其他的花朵在阳光下招摇，自己却躲在角落接受阴冷。没有一蜂一蝶光顾它，也没有阳光温暖它。日子还是一天天过，我在经历打击后成绩一直下滑，可我束手无策。

四月悄至，风携卷着水气来临，天气在这时最为古怪——一会儿暴雨，一会儿天晴。一日夜里，我躺在床上，忽然电闪雷鸣，大雨瓢泼而至。次日至学校，地上湿漉漉的，还有些昨日的积水。棚架上是一片绿肥红瘦，我沮丧地走入教室，经过走廊时，却偶然发现紫薇树抽出一截新芽，那是一抹新绿，还有些红色缀在枝头。小小的叶片在阳光下透着亮，正在清晨的微风中对我招手。我细细端详着这枝鲜嫩的绿叶，心中突然一震——树是大自然的智者与强者，无论经历了什么风暴与挫折，都会迎难而上，不畏艰险，反而长出新芽儿，人何尝不是如此？只有用乐观的心去面对挫折，才能走向成功。一切悲伤、沮丧，都是徒劳，只有摆正心态，才能化压力为动力。于是，我不再悲伤，而是面对挫折，努力学习。

窗前的紫薇树一天比一天繁茂，源源不断地为我输送着动力；我也一天天进步起来。几周时间一晃而过，期中考试来到了，我并不紧张，每当我想起窗前的紫薇树，我就会充满信心与活力，因为它是我动力的源头。我相信它能开出美丽的花，结出繁茂的果。

点评

学习的道路并非是一帆风顺的，必然会遇到坎坷，陷入困境，如何去调整心态呢？作者从光秃秃的紫薇树坦然地迎接暴风雨，抽出新芽，长出新绿的过程中找到自己的动力源，从失败中重新站立起来，不断前行！作者学习经典的《紫藤萝瀑布》写法，以小见大，文章从紫薇树切入，借助与炮仗花的对比，真实地再现了自己内心变化的过程。描写细致，感情细腻而真切！

我的动力源

石厦中学　黄嘉宜

人是世界上唯一一种能用心灵作为翅膀飞翔的生物，可在梦想实现的黎明前，往往是无边的黑夜，于是需要一物点燃梦想的火光。

——题记

我向来讨厌自己的名字——太普通，太大众化了，难免与许许多多的人重名。因此每当父母呼唤我时，我都会不情愿而又无可奈何地大翻白眼，慢吞吞地挪过去。但我的父母却总是不厌其烦地告诉我，我的名字有多么的特殊。

"囡囡，你可知道你名字的来历？《诗》云：'桃之夭夭，其叶蓁蓁，之子于归，宜其家人。'《大学》曰：'宜其家人，而后可以教国人。'"母亲总温柔地看着我的双眼，轻抚我的头，抿唇告诉我道："我们希望你除一生安康之外，更能有所作为，过得自强。"

但经过我无数次的叹气和抗议，她终蹙眉，语气"幽怨"地答应改名——除非我能跻身班级前三名。我没注意到她眼底的狡黠，痛快地答应了。

从此，无边学海将我围绕。每名同学都很厉害，并且他们都在努力，作为一名后进生想超越他们更是不易。深夜里在苦学而不得其解的题海中，我常常感到迷茫和动摇。在此时，我不禁想起和母亲的约定，想起这个我憎恶良多的名字，想起母亲和父亲对它的解释，于是我开始一遍又一遍地小声念它，坚持之火也在我一遍遍重复中重新燃烧。"星星之火，亦可燎原"这句话果真是没错。在点点坚持的星火汇成的熊熊烈火中，我终于涅槃重生。

在捧着一日比一日变好的成绩单，接受着同学们由轻视变得仰慕的目光，看着老师念着我的名字变得欣赏的神情时，我不再为自己的名字而自卑，我开始在别人呼唤我时扬起自信的笑容。

那赌约虽似我胜了，但看见母亲欣慰的神情时，我知道她才是最大的赢家。但我并不在意，因为我终于明白了我名字的独一无二——它是世上唯一点燃我、成就我的东西，它也是唯一一个与我相伴终生，不可分割的朋友。

在随口哼着"我就是我，不一样的焰火"的同时，我在心中小声却坚定地加上一句：我的名字就是使我不一样的动力源。

后记

黎明的号角虽仍未吹响，但我已找到照亮前方的火源。如此，坚守虽苦，我亦无悔！

点评

我不喜欢自己的名字，为了改名与妈妈打赌，没想到这无形中成了我的动力源，选材新颖。赌约到底谁赢了：我，还是母亲？发人深思，立意有深度。

我的动力源

石厦中学　赵睿涵

序·篇

一江春水，向往着汪洋，才能搏击山石；一点星光，梦想着闪亮，才能钻出暮色；一粒种子，怀抱着向往，才能织出春的希望。我心中源源不断的溪流，不是一个人，也非一件事，而是一幅《星空》画作。

儿时的白衬衣上，总有几点颜色肆意飘洒——一个画笔不离手的孩子，衣服上又如何能干净呢？

五年时光，能把一个懵懂的孩子变成花季的少女。于画画的态度，也如冰水中的铁烙，不再炽热。

又拿起画笔时，原本信手拈来的线条似乎故意与我作对，画出的东西也不三不四。我皱了皱眉，撕下画纸，深吸一口气，重新开始，随着时间的流逝，身边的画纸越堆越高，我气愤地丢下画笔，走出家门，任那缤纷的颜料撒落四处。

不知是天性使然抑或是多年的爱好，当我在疑惑中时，一幅幅令人惊艳电子版画作闯入了我的视线，我一边走，一边清醒了。

忽然，眼前闪过一道光，我停下了脚步。眼前似是而非、如梦似幻的星空坠入眼帘，我拼命回想，却也无关于它的半点线索，心中竟有丝丝遗憾。

"这幅画名为《星空》，是荷兰著名画家凡·高患病期间所做的旷世之作！描述了在他眼中独一无二的星空……"解说员的声音如涓涓溪水般流入耳中，所有人一言不发，不知是被画惊艳或是对凡·高发病时割耳的怜悯……

又坐上转椅，在画馆的一幕幕像播放电影一样浮现在脑海中，我用微微颤抖的手又握起了画笔，慢慢沾上颜料，缓缓地画出心中那澎湃的海，仿佛又回到了年少时光，心中那块铁烙，又燃起了火苗。

心中无他，唯画尔……

轻轻呼出一口气，嘴角微扬。碧蓝的海映着洁白而细腻的沙滩，向往自由的海鸥和葱绿的椰树作为陪衬，美轮美奂。墙上洒落的颜料，似乎开出了朵朵芬芳的花。

在往后的日子里，不论比赛，考级抑或是随手一画，那片星空似乎一直在我心中发光发亮，陪伴我度过次次挫折，心中也充满了前行的无限动力！

尾·章

飘逸豪放，在李白的诗里；

铁骨柔情，在金庸的小说里；

浪漫疯狂，在凡·高的画里；

拼搏的动力，在我坚定的心里……

点评

文章从凡·高的一幅画《星空》为切入点，名画的浩渺精妙以及名师的磨难与突破，给予"我"无限的动力，使自己绘画处于瓶颈时重燃火苗，重唤希望，以小见大。结尾处运用排比，深化主题。

我的动力源

石厦中学　王奕臻

满天星是什么？很多人以为它是天上的星星，其实并不是，它是一种独一无二的花，更是我人生的动力源。

记得当时临近六年级的期末考，虽然是九年义务教育，可心中却有一种呼唤——超越自己，给自己的童年画上一个完美的句号。我跟着这个呼唤，来到书桌前，做着我解不开的难题，无数次的放弃，无数次的重复。母亲看到这样的我，满是疼惜，她让我出去走走，透透气儿，想想人生究竟要做什么。

我在大街上漫无目的地走，不知何去何从。最终，我走到羊台山下，想上山顶吹吹风。登山途中总共有九站，每一站的楼梯都特别多，每当我走完一站，力气就被抽走一截。当我到第七站时，已经筋疲力尽，眺望四周的风景，山峰连绵不断，挺拔俊秀，让我的心情好转了些。我再走一会儿，后面的小女孩突然叫道："妈妈你看，满天星！"我情不自禁地转过头去，发现满地的野草中傲然挺立着一朵花——满天星，它带着清晨还未干的雨露盛开，它的花朵很小，却也多，像天空中的繁星，闪闪烁烁。它尽管很渺小，却依然会被人发现；它身上有种光芒，吸引人过去。我不知它真正的花语是什么，我把它喻为希望——它像天上的繁星带着希望的光芒来到人间，有一种奋发向上的精神，带给黑暗中人曙光。我突然明白了很多。

我虽没有登上山顶，但我已经有了答案。回到家后，我来到房间，挑了基础题先做。自此之后，每当我再遇到害怕、绝望的事情时，满天星就成了我的动力源，每当我想到它，我都会鼓足干劲，带着希望前行。它对我是独一无二的，是我阴云密布后的彩虹。

点评

满天星尽管渺小，不起眼，但依然盛开，就像天上的繁星，吸引着人们，给人们带来希望的光芒。作者迷茫时，看到满天星，得到启示，放下让自己疯狂的难题，改从基础题出发，重新找到了动力、信心和希望！学习经典，借物喻人，如果能多层次描写满天星，或者和其他的花做对比，能更好地突出中心。

我的动力源

石厦中学　邱语乔

出于一种好胜心，补课班上的一名同学成了我学习数学的动力源。

她是我在补习班认识的第一个朋友，就坐在我右边。几节课下来，我发现她总是比我先一步想到解题的方法，我很是羡慕她。每次我有不懂的题，她都会耐心地为我讲解，最后还不忘给我一句鼓励。我由此暗暗下定决心："我要像她一样，数学学得好到能给别人讲题！"

后来的每一节数学课，我都全身心地投入到老师的讲授中去，用最认真的态度完成课堂作业。尽管家庭作业很多，但我为了解出一道题，常常冥思苦想一两个小时，解出后的喜悦溢于言表。课间，我也常常缠着她给我讲题；有时，我们遇到都不明白的题，会一起去问老师，一直"折腾"到明白为止。这段时间，我的数学潜移默化地进步着。

她还是和以前一样，对于给别人讲题，从不表现出一丝厌烦。我很感激她，这也更让我坚定了要追赶上她的决心，我的动力更足了。

后来，老师给我们讲了一道非常难的例题，又让我们用例题的思路做好课外练习题。大家都无从下笔，只有我和她在草稿纸上奋力写着。我在草稿纸上尽力写出所有的情况，想了又想，写了又写，过了一会儿，我居然在她之前把这道题做了出来。这次，终于轮到我给她讲题了。最后，我们两个的本子上都打了大大的钩。

她是我的动力源。在她的帮助和我自身好胜心的驱使下，我达成了暂时的目标。以后，我还要保持现在的动力，向更高的目标迈进。

点评

作者选一名同学作为自己的动力源，她对数学的热爱，对同学耐心地讲解，对我的帮助，无一不打动着我，催我不断前行！为了避免内容空洞，作者选择写小事，循序渐进地展示动力源改变我的过程。

"快乐"专题

　　在生活中追求并享受快乐是每个人的梦想和权利。快乐究竟在哪里？有人说，快乐在学习、工作的辛勤汗水中；有人说，快乐在关爱、沟通的温暖情意里……本期作文，我们将围绕"快乐"这个话题来畅所欲言，直抒胸臆。分享你的快乐是编者最大的期待。

精彩试题回放

　　一群年轻人到处寻找快乐，却遇到许多烦恼、忧愁和痛苦。他们向苏格拉底请教，快乐究竟在哪里？苏格拉底说："你们还是先帮我造一条船吧。"这群年轻人暂时把寻找快乐的事放到一边，找来造船的工具，用了七七四十九天，锯倒了一棵大树，挖空树心，造出了一条独木船。独木船下水了，他们把苏格拉底请上船，一边合力荡桨，一边齐声唱起歌来。苏格拉底问："孩子们，你们快乐吗？"他们齐声回答："快乐极了！"

　　请以"快乐"为话题，写一篇作文。要求：①题目自拟；②文体不限；③不少于600字。

审题引导

　　生活中的快乐是多角度、多层次的。有自己的快乐，别人（动、植物）的快乐；感官的享受，心灵的愉悦；个人情趣的快乐，关乎国家民众前途命运的快乐。有的快乐是浅层次的，亲切而充满情趣，如瞒着老师偷偷踢了一场球，辛苦五天后的周末睡个懒觉；有的快乐是理性的、深刻的，如拼搏之后的成功，为人正直所感受到的坦然；有的快乐不但深刻而且宽广，如欧阳修与民同乐，范仲淹先忧后乐。所有中国人为神舟六号发射成功而快乐、为运动员夺冠而快乐、为中国的进步而快乐。有时我们感到不快乐，可能是因为我们只从某一个角度或某一个层面来认识自己的快乐。多角度、多层地认识我们的生活，我们就会快乐。

选材、立意举例：

（1）工作是快乐的，因为你在创造价值（学习是快乐的，因为你在汲取知识）。

（2）助人是快乐的，因为你在奉献爱心，赠人玫瑰，手有余香。

（3）宽容是快乐的，原谅别人的缺点，给别人一个改正的机会，也给自己心灵一个自由的空间。（莎士比亚说："宽容像细雨滋润大地，它赐福被宽容的人，也赐福宽容的人。"）

（4）合作是快乐的，因为在和别人的沟通交流中共同创造了价值。

（5）正直是快乐的，因为能挺直腰杆、坦然地做人做事。

（6）爱着是快乐的，爱就好像玩回力球，抛出去，周围的人感同身受，全世界都感染了爱和快乐的气息，包括你自己。

（7）知足是快乐的，因为你拥有的一切都是弥足珍贵的，如亲情、友情，是生活给你丰厚的馈赠，要怀感恩之心（知足常乐）。

（8）进取（拼搏）是快乐的，因为无限风光在险峰（知不足而常乐）。

（9）有童心的人很快乐，因为他们总是很好奇地去探求生活奥秘。

（10）成长是快乐的，因为你的每一天都在进步。

（11）换个角度乐观地看世界，快乐原来很简单。

（12）生活中不是缺少快乐而是缺少体验和感悟。

思路点拨

（1）添加法（化大为小）。以话题为中心，添补成分，扩展语意。最初我们可能只从自己的角度出发来看待快乐，思路就窄了，选材就少了，运用添加法，可以添加为"做家务的快乐""旅游的快乐""修鞋老人的快乐""野猫和家猫的快乐生活""快乐的学问""你快乐，所以我快乐""我拼搏我快乐"……思路就打开了。

（2）联想法（由此及彼）。可以由一些话题联想到相似的或相反的话题，由现象及本质……如由快乐联想到痛苦，想想快乐和痛苦的关系，人们对两者的态度，这就又开辟出了一个新的选材立意的角度。

📖 优秀范文

快乐加减法

人生如同打算盘，该加就加，该减就减，如此，才能谱写快乐人生。

——题记

从小到大学习数学的经验常常让我思考，生活中的许多事都像数学里的加减运算，但每个人都想在生活中去不断增加些什么，都不愿意主动去减少一些什么。俗话说："付出才有回报"，在适当的时候学会做减法才能使自己的加法最大化。凡是生活得非常快乐的人都是天生的"数学家"，因为他们擅长加减法运算，增加美好的，减少不美好的，让自己的生活充满快乐。

增加宽容，减少抱怨。在现代社会的人整体状态都非常浮躁，对人对事都缺乏一种宽容的态度。你一定有过这样的体会，在某个比赛之前明明自己已经非常努力了，可是成绩还是不理想。这个时候你一定会自怨自艾，认为自己很失败。但你能不能换个角度看问题呢？可能是这次比赛的难度比较大，可能是评委在选择选手时的标准和你不搭调。而正是因为有了这样的失败，你才会在下次比赛中崭露头角。所以，同学们增加一点宽容，减少一点抱怨吧！

增加责任，减少叹息。对你而言，责任是什么？也许只是举手之劳；是将你的工作细致的完成；是为别人多考虑一点，使出错的机会减少一点。拥有强烈责任心的人在工作中很积极，所以容易完成任务；在面对困难时不是叹息，而是微笑。所以，同学们增加一点责任，减少一点叹息吧！

孟子说："鱼与熊掌不可兼得。"其实生活中也常常会遇到这样的选择。想要保持快乐，就要放下对快乐的执念，停止负面的思考，主动去承担一些看似困难的事情，学会运用加减法来生活，如此，你会拥有一个快乐人生。

点评

生活中我们常常不快乐，大多因为我们欲望太多，抱怨太多，我们不会做减法。少一些叹息和抱怨，少一些自私和冷漠，我们就很容易满足，那快乐就多了。

快乐加减法

繁花之后，秋霜之前，岁月相遇在人生的十字路口，也如懵懂少年般无知无觉。生命的重门虚掩着，我们没有窥见那茌莘时光外若隐若现的春暖花开，不知道桃花的颜色正将你我的快乐悄悄洇染。手指触碰在琴键上，传出断断续续、起起伏伏的琴声，声起、声落，一声叹息。我停止了弹琴，心里在为明天的钢琴考试而紧张、忧郁。明天的钢琴考试十分重要，可我却被以往失败的忧伤所笼罩。

"能行吗？""好纠结！"是不是因为我天赋不够，是不是因为我不够认真，是不是因为我不够努力？颓废、忧愁、惶恐让我意气如灰、心如刀割。那一刻，我真想砸了这琴键，冲出这黑白相间的单调。想着，我还是缓缓合上了琴盖，忧愁与悲哀齐在。辗转反侧中，我度过了这一夜。

第二天，一切来得那么自然，我怀着忐忑不安的心情走上了考场，坐在那漆黑的琴椅上，指尖触碰着那凹凸不平的琴键，眼睛凝视着琴谱。突然，想问自己一个问题："为什么要弹钢琴？"因为喜欢，因为喜欢所以才能给自己带来快乐。可审视现在的自己，为什么感受不到快乐呢？让忧愁走开吧，让心中充盈起最初的愉快，不要想太多，我要的只是钢琴带给我的那简单的快乐。最终，在快乐的指引下，我成功了！

拥有快乐的时候，就要感受它。不要虚掷你的青春年华，不要去倾听枯燥乏味的东西，不要设法挽留无望的失败，不要把你的生命献给无知、平庸和低俗。这些都是病态的目标，虚假的理想。活着！学会快乐的加减法，也许快乐是一种意外的收获，但保持快乐却是一种成就、一种灵性的胜利。努力追寻快乐并不自私，实际上，这是我们对自己和他人应尽的责任。

伤感的雨季渐渐远去，快乐折折叠叠，反反复复，成一树不落的繁花，伫立在梦的路口，美丽着青春之外的又一片天地……

点评

本文作者用切身事例告诉我们，生活并非事事都以个人意志为转移，有些事不得不做，心态不好就会痛苦，那就努力改变心态，努力去喜欢，因为喜欢才能给自己带来快乐。

感悟快乐

生活是那丛榉花幽幽的芳香；生活是那弯新月静静的微笑；生活是那流水多情的歌唱……

一个阳光灿烂的春日，一位朋友约我去钓鱼，然而一整天鱼儿也没有被我的鱼饵诱惑上钩，我沮丧地往回走，朋友却哼着歌从那边走来，夕阳将她的脸颊染成幸福的红色，而她的鱼篓也是空空的。我惊奇于她的快乐，她笑着告诉我，因为她钓到了一天的快乐，一天的自在。我突然懂得了坦然面对失意是一种快乐！

一个夏日的傍晚，我去打水，看到许多人正坐在前面的阴凉处乘凉谈天，好不轻松自在。这时，过来一位骑三轮车的老人，正要骑上一个斜坡，也许是用劲太小，她退了回来，而且又一次的尝试也失败了，当她第三次去做时，一旁的我轻轻地推了车子一下，然后我看到了一个善意的微笑。

我高兴极了，得意地向那群人望了一眼，我仿佛看见了他们的微微透红的脸。我明白了，帮助别人也是一种快乐！

没有谁不会遇到困难，没有谁不会遇到失败，没有谁不会遇到不幸和挫折，但只要我们付出努力，用心去做，给别人帮助，自己也就会收获快乐。大千世界，芸芸众生，不可能所有的人都给我们真心，但我们可以真诚地面对别人，敞开自己博大的胸怀！

人生如烟如梦，有人说它清晰，有人说它模糊；茫茫尘世，一开始就注定会与成败同行，与得失相伴。我们要知道，紧张与轻松、沉重与飘逸都是生命的状态，坎坷和艰辛中蕴藏着更大的追求！

用坦然的心态，投入生活的激流，找到自己的坦然，找到生活的快乐，找准数轴上属于自己的坐标！文章通过叙述生活经历中的两件事，抒发了自己对生活中快乐的感触。开头比喻精彩恰当，文末议论深刻，富有哲理。全文如行云流水，读之令人心情舒畅又有所感触。

天堂门前

几十年前，我和几个年轻人在苏格拉底的引导下，懂得了快乐到来的时机，年轻的我对此坚信不疑，因为当时，我确实尝到了前所未有的快乐滋味，那种乘着自己的劳动成果和友人一同荡桨的特殊滋味。可是随着年龄的增长，我富了，我的钱包鼓起来了，我成了尽人皆知的大富翁，那种滋味却日益减少，直至荡然无存。我不快乐，也不明白快乐为什么不再造访整日忙着赚钱的我，不过现在，我想我再也不用明白了，因为我已走到了人生的尽头。

一阵恍惚之间，我来到了天堂，今天来天堂报到的人并不多。除了我之外，还有一个穷人。他一身破烂的衣衫，不用多想，他生前一定饱受艰难和困苦。我轻蔑地望了他一眼，却怎么也对他鄙视不起来，因为他那张脏脏的脸上洋溢着幸福，很显然，他拥有我所没有的快乐。

"嗨！老头，你为什么这么快乐？"我不满地问道："我有万贯家产，无数的房产地皮，至今仍然很痛苦，而你一个叫花子，凭什么快乐？"我大声斥责道，可是心中却对他充满了羡慕。

那个穷人并不在意我的出言不逊，反而咧嘴笑了，说道："我的确是个叫花子，我很贫穷，每天都在为自己的三餐而劳碌，我生的时候什么也没有给我的母亲带来快乐，死后又没有给我的子女留下什么。但是我并不遗憾，因为我的生活中有快乐。"

"我缺少的正是这种快乐。"我沮丧地说。"我很清楚，这是你们富人的弊病，虽然我们同样每天都辛苦地劳碌着，可是结果却不同：你们只是一味地赚钱，即使赚了很多的钱，但快乐并不会因此而造访你们；而我们穷人在忙中却很在意身边的一点一滴，像我回到破烂的茅屋时，妻子递过来一杯水，儿子坐在我膝上，甜甜地叫一声爸爸，我都会感到很快乐。"

听了他的话，我的喉咙像是被什么卡住了，发不出声来。我的妻子何曾没有给我递过一杯水，可被我阻止，让管家接过来了；我的子女又何尝不想在我的膝上撒娇，却被我阻止，让保姆把他们抱走了。我丧失快乐并不是因为别人，而是因为自己！因为我忘记了生活的一点一滴，放弃了对生活的爱，于是快乐也放弃了我，不再来造访我了。

想到这里，我后悔地低下了头，两行热泪洒在了地上。

文章用童话的形式揭示了快乐的真谛，很好的反映了世俗现象，有钱＝快乐吗？答案是否定的。作者理解的快乐是情感的幸福（特指亲情），从这一点切入写快乐，笔墨集中，浅显易读、易懂。

文章的题目有待商榷，近年来以此为题的作品较多，这篇文章起一个稍具象的题目，也许会更好。

痛并快乐着

人生难免经受痛苦，只有在痛的砥砺后，才会品尝到超然的快乐。

——题记

东非大裂谷山高水急，四处散发着高原的气息：这气息是流云被烈日投射在大地上浮动的光影；这气息是湍急的奔流撞击峭壁散落的千堆雪浪；这气息更是到处孕育的生机，是给世界增添无限希望的活力。

一声清脆的鸣叫，打破了高原午间的静谧。寻声望去，只见峭拔的岩壁上，偌大的巢穴里有只小鹰刚刚破壳，一个湿淋淋的、稚嫩的脑袋在破壳的第一时间倨傲地摇晃。母鹰舒展开庞大的羽翼从远处飞来，轻盈地栖息在巢边，小鹰从母亲口中衔过第一口香甜的美味，眼中有一点点幸福流露出来。就这样，小鹰在母亲朝朝暮暮的关怀下，很快就成长为拥有黑色羽毛、锋利双爪的大鹰了。

这天，鹰子独守巢穴。当它望见远处苍穹中几只雄鹰飞翔盘旋的身影时，心中猛然升腾起一股冲动，它想飞，想拥有自己的天地！于是，鹰子悄步踱到巢边，四顾，只见高远的蓝天，峻峭的山岩，葱茏的树丛，飞漱的瀑帘，它对这一切是多么的向往！它张开羽翼，刚要迈出追梦的脚步，却猛地止住了。它怯生生地望着脚下万丈的深渊，幽深的沟涧，它踯躅、退却，因为它虽然渴望飞翔，但更害怕死亡。遥望对面山顶一棵无助的野草，它仿佛也读到了相同的命运。

就在这时，只听头顶一声长鸣，鹰子未及举头，便被猛地推下巢穴。伴随着一声悲惨的哀鸣，鹰子划一道小小的弧便陡然下坠。它的心顿然迷茫，仿佛已然听到死神的召唤。当距离变得模糊，当即将冲破死的界限，它拼尽全身的力气，本能地抖动起翅膀。就在那一瞬，羽尖在水面勾起一串珍珠，鹰子飞起来了！出乎意料的是，当他回到原来的地方，看见的是平日里含辛茹苦的母亲！它痛苦，它不能理解母亲的致命一击。后来，当它体会了飞翔的快乐，才真正明白，没有生死一线的考验，就不会有如今搏击长空的快感。没有砥砺，也就没有腾飞！

当雄鹰展翅飞翔的那一刻，我懂了，其实人生就是一句话——痛并快乐着。

点评

该文的成功首先得力于作者的细腻描写。景物描写和心理刻画的都非常到位，如对高原环境的整体描写，视野开阔；对小鹰出生成长的细节描写，栩栩如生；尤其是那段对雏鹰欲飞又止的矛盾心理的刻画，颇见功力。其次，首尾呼应，升华主题，本文给了我们很好的示范。倒数第二段点明了所写故事的中心，如果行文至此罢笔也可，但普遍的意义还不够。在末段升华一步，不但使主题更深刻，还呼应了开头。

劳动真快乐

峰峦如聚，波涛如怒，莘莘学子漫漫路，望古今，意涩苦，伤心成败皆入了土，多少成绩都作了土。做学习的劳动者，是喜是忧，缠绕在我的心头。

都说"一分耕耘，一分收获"，但事与愿违，付出与收获往往不成正比。我曾为一次失败，辗转反侧；也曾为一次得失，蹙眉千度。中考前的几次考试，警钟常响，我不断开垦着精神的食粮，在书海里写作。

青灯伏案，疲倦的身影在请求我早点入睡，墙上的时针已无情地越过了"12"。灯光漂白了四壁，我在晕黄的灯光下奋笔疾书，漫步题海中，倦了也不想入睡，手中的笔似乎连明日的荣耀也一并吞没。

"你是在为功名而汲汲忙碌，缭绕的烟雾消失了你的路"，我的心一震，冥冥中似乎意识到，自己的不快乐是因为在追求名次的同时忘记了学习的乐趣。

回眸间，我突然想起了那件破旧的长衫——孔乙己，醉心于功名利禄，不肯脱下那件破旧的长衫，抱着"万般皆下品，唯有读书高"的残志，直至潦倒而死也体会不到读书之乐。悲哉！

"采菊东篱下，悠然见南山。"不为五斗米折腰的陶渊明毅然远离功名，种豆南山之下，把酒黄昏之后。是他用文字滋养了南山万物，种下了不朽的文学之实。像他一样，做一个快乐读书的劳动者，何不美哉！

一缕月光透过窗纱，落在书桌上，如丝如纱。我顿悟，做学习的劳动者是快乐的。

"君不见，此月方从远古来，历沧桑，经百衰。看花开花落，云卷云舒，初夏之月高悬不语，娟然如洗。"我知道了"浪花淘尽英雄泪，是非成败转头空。"做个快乐的读书人，学习的劳动者在自己最富饶的良田上播种的是快乐。我坚信：劳动是快乐的。

点评

本文左右逢源，大量引用课文的诗词、名句，语言轻松幽默，富有文采。不管是学习还是生活，相信天道酬勤，耕耘才能收获，劳动者才是快乐的。

故事篇

遇见是缘分的开始，是生命的转折，是无数奇迹的源头。正如花蕾遇见春风便绽放，亦如人心遇到情感就柔软……也希望从此刻开始，写作和大家的遇见能够让彼此之间感受到更多的美好。

读读

遇见

我深信，遇见它，会给我一生带来幸福。

也许是遗传让我从小便深深地喜欢上了音乐。有时它轻快得像春风，吹拂着我心中的节拍；有时它磅礴得像骤雨，震撼着我的灵魂；有时它忧伤得像落叶，唤起我心底的忧愁；有时它纯洁得像冬雪，给我带来一份纯朴与宁静。与它相遇，为我带来了许多……

正是与音乐相遇，让我结识了他们：身材娇小却能释放出巨大能量的张韶涵，她干净、有穿透力的声音让我听起来很舒服；经历坎坷却唱功了得的张靓颖，她演唱的每一首歌曲都能拨动我的心弦，是我的精神食粮；厉娜，虽然唱功普通，但她对音乐的诠释让我觉得飘逸、舒服；而周杰伦，虽然长相很普通，但我看中的是他鬼斧神工般的创作才能，舒适、浪漫。正是这神奇的音乐，使我与他们相遇，丰富了我的业余生活。

正是与音乐相遇，让我结识了他们——一群热爱音乐的朋友。他们与我一样，深深喜爱着音乐，与他们在一起，可以分享各自喜爱的音乐，使接触的音乐多元化，也充实了自己的内心世界。喜爱音乐的人多了份温柔，大家互相都很关心、照顾；也多了份感性，对一些伤感或浪漫的事，鼻子总是酸酸的；又多了份独特，看待事物的角度有时会与众不同。总之，要感谢音乐，让我结识了这么多好朋友。

正是与音乐相遇，增进了我和爸爸的感情。自《超级女声》开播以来，每场比赛，我都会和爸爸一起看，我们两个各抒己见，好在基本是一致的。音乐就这样为我和爸爸创造了一个沟通的机会。

我坚信，相逢总是美好的，她不仅可以解除你的相思之苦，还可以给你带来快乐。像我注定与音乐相遇，是美好的；音乐带给我的诸多相遇，亦是幸福的。

点评

文章以"遇见"为题，谈及作者的爱好——音乐。音乐可以震撼人心，改变人生，本文谈论了音乐对自己的影响。文章层次分明，先后有序。

遇 见

长河落日，斜阳温热。我穿越浩渺的历史长空，降临到千年前的南国大地，缘分使然，让我遇见了他——后主李煜。

初遇他时，正是一天中最美好的时刻——早晨。他正倚栏而立，倔强清瘦的模样不经意间印在我心上。他正望着一池新绿出神，阳光姣好，柔柔地泻在他那张如凝脂般的面容上，隐隐泛光。

雨后空气被滤洗得很清爽，嗅不到一丝尘埃的味道。屏息凝神，还可听到花开的声音。脱尘若神的他就嵌在这朦胧的美景中，不着痕迹。许是发现了我的目光，他温柔若水的目光停留在我身上，并向我踱步而来。也许是心灵的契合，他并没有质问我为何冒失地出现在此地，反而友好地朝我露出一抹微笑，生涩而单纯。我不懂，一个亡国之君，他不该有那样清澈空灵的眼神，他的眼神该是燃炽着仇恨的火焰啊！

不需要多余的解释，我随他来到了书房。他手执毛笔，在宣纸上洋洋洒洒地写起了文章，时而停笔构思，时而泼墨挥毫。我无法从他复杂的表情里——凝重在眉毛上的郁结，眼里闪过一丝不易察觉的清冷目光——看透他的内心。我俯身望去，一行苍劲隽永的隶书映入眼帘：帘外雨潺潺，春意阑珊。

"奈何，此种境地，你还有闲情逸致写诗作赋？良辰美景已不复拥有，皆成过往云烟，你要做的是如勾践一般卧薪尝胆，以求东山再起啊！"不等他写完，我冷冷地丢下这番话离开了书房。

"梦里不知身是客"，他忘记了自己身为俘虏，还以为仍在故国的宫殿，还在贪恋这片刻的欢娱吗？风卷过一把残花碎瓣，扬过空旷的花野。眼前有月光浸润下的轮廓，朦胧的身影开始破碎成透明的片，剥落而下。既然南唐已为历史，就让它成为永远的历史吧。

我回头望了他最后一眼，竟看到那眼神中流露的孤寂愁苦，原来他从不曾停止过"梦重回故国，觉来双泪流"啊！还是懂他了：离恨恰如春草，更行更远还生。拥有绝世的才华情谊，却错生在了帝王之家，这是李煜的不幸，还是南唐的悲哀？历史的车轮碾下的轨迹，他一文弱才子又凭何力去改变？背着亡国的骂名，过着幽禁的生活，谁懂，别是一般滋味在心头。温存月光下的我一行清泪无声坠落。后主，一天已完结，此生亦难见。

月如钩，锁清秋，留人醉，几时重。问君能有几多愁？我知；恰似一江春水向东流，我懂。

点评

"懂得"是对"遇见"最美的诠释，这篇散文采用总—分—总的形式构建全文，开头直入主题，选取历史名人李煜的事迹，诠释了"恰似一江春水向东流"的愁绪。文章写景生动，写人富有神韵，抒情恳切，一气呵成，意境不俗。

遇 见

不管我们是如何结束的，我只知道，遇见你，是我青涩年华中最美的点缀。

——题记

初遇，巧成同桌

2010年9月，我踏入初中校园，怀着紧张与不安的情绪找到了我的新班级。我小心翼翼地踏进班级的门，陌生的环境，陌生的同学，使我不由一阵慌乱，不自觉地后退了两步，不小心踩到身后的人。"嘶！真痛！"我连忙转身，低着头愧疚道："对不起！对不起！"不经意间，一双宛若仲夏夜中耀眼繁星的眼眸就这样毫无征兆地闯入我的视线，抚平了我内心的焦躁与不安。女孩摆摆手，示意我不要在意。见我还是愧疚地低着头，她不禁轻笑道："要不作为赔偿，你就当我同桌好了，如何？"我怔怔地抬起头，望着女孩那充满阳光的笑容，不自觉地点点头。就这样，我们成为同桌，一起努力，一起进步，一起八卦，一起嬉闹……

初遇，一个巧合，三年同桌，成为我永恒的回忆。

相遇，如冬日暖阳

初冬，繁花凋零，落叶纷飞，到处充斥着雪一般的苍白与冰冷。

我茫然的游荡在空寂的街道上，任凭刺骨的寒风肆意吹着我的脸，眼前不断闪现着残酷的分数与排名。步入初中，繁重的学习压力如巨大的铁笼将我死死囚禁着，我挣扎着想要逃出，却做了无用功，渐渐地，我想到了放弃，成绩也因此如坐滑梯般直线下降。尽管我不甘堕落，尽管这不是我，但跌倒的我却只能无措地止步不前。

"嘿！真巧啊，你也来这儿？"在我内心纠结时，又遇见了她，她一如既往的灿烂笑容如溪水般冲散我内心的忧愁。我淡笑着回答："嗯，出来散散步。"

她深深地凝视着我，轻笑："都三年同桌了还想瞒我，还在纠结成绩？其实吧，挫折并不可怕，可怕的是摔倒后的你不懂得如何重新站起来。加油吧，同桌，我可是永远支持你啊！"

刹那间，她的言语驱逐了我心中的阴霾，如同冬日暖阳，让我充满前进的力量。遇见，是她教会我重新站立。

三年时光如梭，转眼消逝。不管我们如何结束，我只知道，遇见你，是青涩年华中最美的点缀。

遇 见

人生像一趟列车，旅途中会有许多站口，来来往往的人群会在这里上车或是下车，不知道有没有人会陪我们走到人生的尽头。

——题记

能遇见你们，我很幸运！

家·温暖的港湾

从第一眼看见这个多姿多彩的世界开始，从第一次哇哇大哭开始，我就遇见了你们——我的爸爸妈妈。是你们让我来到这个世界，并感受到大自然的奇美壮观；是你们给了我双眼，让我看见了美丽，看见了神奇；是你们给了我双手，让我懂得如何凭自己的努力去创造奇迹……在我得意时，警告我的是你们；在我快乐时，陪伴我的是你们；在我退缩时，支持我的是你们；在我努力时，鼓励我的是你们……这个家，因你们而温暖。

在这趟列车上，在任何的站口，你们都不会下车，我知道，你们将会一直陪伴着我，直到永远……

爸爸妈妈，能遇见你们，我很幸运。

师·辛勤的园丁

从第一次迈入教室开始，从第一次遨游在知识的海洋开始，我就遇见了您——我的老师。在课堂上，您幽默风趣的讲课方式，让原本枯燥的课堂变得格外精彩；在课下，您和我们聊学习，聊生活……那时，我们不只是师生，在尊重的基础上，我们成了朋友，虽然不是形影不离，但我们却很亲密。您带领我们畅游在智慧的天地间，让我们接受无穷无尽的清风的吹拂、雨点的洗礼……我们是树苗，是您让我们茁壮成长。

在这趟列车上，您陪我走了很长的路，虽然在某个时候，您可能赶上了另外一辆列车，但是在匆匆忙忙的上上下下间，我会记住您，我的老师。

老师，能遇见您，我很幸运。

…… ……

列车在继续前行，可能许多乘客已经下车。我不知道你们能否再次上车，能否想起我们曾经相遇过，但是，我会一直带着你们的期望，伴着列车，前进再前进。我相信，在远方，我会遇见更精彩的自己。

点评

这篇散文选取了与爸爸妈妈，与老师"遇见"的两个场景，将人生比喻成列车，每一次相遇都是一个站口，十分贴切，内容环环相扣，每个小细节都充分表达了"遇见"带来的感动与温情，很好地诠释了文章的主题——"遇见"。小标题的运用使文章结构更清晰，不足之处是内容不够丰富。

遇 见

乍暖还寒时，漫步在拆迁的废墟中，沉浸在苍凉氛围中，不经意间，脆弱的心便有了一分期待。

晚冬之际，世间万物依旧蛰伏在昏暗的角落，醉于温柔梦乡。遍地枯枝腐叶，满目是枯黄，没有丝毫绿意，没有生命应有的活力。生命，似乎在述说着衰败后的悲壮。

废墟下，不知掩埋了多少曾经的欢声笑语、绿意盎然。默然前行，期待可以遇见什么，以慰藉满是创伤的心灵。但，似乎一切的一切都在湮灭，除了枯黄。

失望之余，不经意间瞥到几点绿意——一座坍塌的墙角下，似乎有什么绿色从土里冒了出来。揣着希望快步上前，或许，那就是我所期待的遇见。

靠近了才看清其面貌——废墟下的几株小草。纤弱的身躯随风摆动，似乎在畏惧严寒，但始终不倒。两片嫩绿的叶子轻轻舒展，似乎在给世界一个热情的拥抱。周围的枯黄衬托着它的绿，那是怎样的一种绿，不似成长后的深青，没有其成熟；亦不似枯萎前的惨绿，没有其颓败。纯粹的一种淡绿，不掺杂任何颜色，以初生时的形态生长在这尚未苏醒的世间。那是一抹勇敢的绿意，是一切初生时的希望。即使它并不成熟，但它枯黄下的一抹绿意，是世间最美的景色！

北风呼啸，任凭风刃击打在身，也顽强地咬紧地面，即使摇摆，却也不倒，那是一种大无畏的精神。

此时它正在恶劣的环境中起伏，如舞姿优美的舞者，在绝望之人的心中演绎着属于自己的绚烂。这是最美的时刻。"如何让你遇见我，在我最美的时刻，我在佛前苦苦求了五百年，求他与我结一段情缘。"或许草与我便是这一段情缘，在我最失意的时候，遇见了草的绚烂。

在凄凉的绝境中，不会缺少另一扇门的希望。成败只在于是否拥有一次美丽的遇见，来鼓舞我们，为我们扬起驶出厄境苦海的风帆。遇见或渺小，或伟大，却总会改变人的心境，给予我们精神的源泉。

或许这不是初春的第一株青草、第一分绿意，但废墟下的顽强生命的希望，废墟下的无限生长，终究洋溢着成功的渴望。

如何让你遇见我，在我最美的时刻……

遇见，最美的时刻！

遇见，人生的转折！

点评

这是一篇优美的托物言志散文。作者善于铺垫，衰败、枯寂的环境描写是为小草的出现蓄势；作者善于状物，细腻的动作描写将小草的顽强生命力充分展现；作者善于托物寓意，小草正是勇敢精神的化身。正是这层层铺叙，结尾的升华才水到渠成。

写写

牛刀小试：

1. 作文原题

阅读下面的材料，按要求作文。

世间万物，都是遇见。当温暖遇见寒冷，便有了雨雪；当春天遇见冬季，便有了岁月；当天空遇见地面，便有了永恒；当男人遇见女人，便有了爱情。生命中总有一些遇见是难以忘怀的。

请以"遇见"为题写一篇文章。

要求：感情真挚，文体不限（除诗歌外），不少于600字；文中不得出现真实的人名、地名、校名等；书写工整，卷面整洁。

2. 审题立意

这是一道命题作文。"遇见"是动词。在写作的时候，设置"相遇"的对象很重要。遇见的对象可以是人，可以是物；可以是现实生活中的，也可以是想象世界里的。"遇见"并不是简单的接触，而是会令"我"心灵受到感染、震动的接触，也是"相遇"给"我"带来的巨大影响。

3. 构思选材

可以写成记叙文或记叙散文。通过回忆曾经发生过的与某人、某物难忘的"相遇"过程，表达内心的深刻感受。例如，写自己与某位老师的"遇见"，具体通过老师如何关心我学习和成长的事叙述，表现出老师热心、负责的高尚情怀，表达出我对老师的感激之情。

4. 写法指导

注意在叙述过程中，可以使用细节描写，通过具体的动作、心理、对话等描写表达"我"内心的感受。在材料安排上，注意详略得当。在写法上，学会使用以小见大的写法，突出文章的主旨，给读者带来亲切的感受。

5. 思路示例

出生之后，遇见爸爸、妈妈，爸爸、妈妈对我的关怀无微不至。

我的家庭生活充满阳光。

上学之后，遇见了王老师，王老师对我特别疼爱。

我的学习生活充满阳光。

进入田径队之后，遇见李教练，李教练培养我不遗余力。

我的业余生活充满阳光。

遇见阳光，一定就会茁壮成长！

6. 方法总结

第一步，实际是要先选择三个遇见。第一个遇见，出生之后遇见了父母，对我的关怀无微不至；第二个遇见，时间变了，上学遇见王老师，王老师对我特别疼爱；第三个遇见，上学以后，慢慢有了自己的特长，有了自己的爱好，于是进了田径队，在田径队里遇见了李教练，李教练培养我不遗余力。

第二步，是配合三个"遇见"的结果。第一个遇见的结果：出生之后，遇见爸爸妈妈，家庭生活充满阳光；第二个遇见的结果：上学之后，遇到，特别疼爱我的王老师，学习生活充满阳光；第三个遇见的结果：进了田径队，遇见了李教练，结果呢？李教练那样不遗余力地培养我，我的业余生活充满阳光。第一步，完成了三个遇见的选择；第二步，完成了三个遇见的结果；第三步，完成一个归纳，归纳三个遇见。细说一下三个遇见的结果，以及归纳三个遇见，我们就会发现，遇见阳光一定会茁壮成长。

7. 思维导读

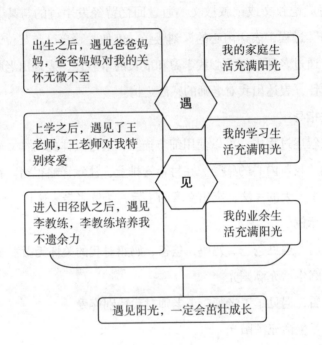

法国著名雕塑家罗丹有言："美是到处都有的，对于我们的眼睛，不是缺少美，而是缺少发现。"生活是丰富多彩的，只要我们努力修炼一双善于"发现"的眼睛，就不会搜索枯肠而笔下空洞无物了。俗话说得好："生活的真谛是要用心去发现、寻找、探索的，只有这样，我们的生活才会有意义，才会幸福美好。"

读读

发现

生活中，许多事情在不断地被我发现着。

妈妈是个非常爱干净的人。洗衣服是宁可不吃不睡也非做不可的"工作"，她把脏衣服放在洗衣板上，揉呀、搓呀，还总是会用沾满泡沫的手擦擦额上的汗，捶捶发酸的腰。妈妈洗衣的情景，犹如电影里的一个镜头，不断地"播放"着。终于有一天，我拿着自己的脏手帕，趁妈妈不注意，偷偷地去洗，费了九牛二虎之力，终于把手帕洗干净了，我吁了一口气。这时，我发现早已倚在门边的妈妈的脸上露出了欣慰的笑容。

爸爸非常关心我的学习，经常了解我的学习情况，可他从不陪读，也不检查作业。他总说："我相信孩子。"我听了这话，就有了一种莫名的动力——一定要好好学习，并用自己的成绩证明这一切。当我把大红的证书捧给爸爸时，我发现，不苟言笑的爸爸脸上浮现出灿烂的笑容。

奶奶七十多岁了，她非常疼爱我，姑姑来看望她时，总会带来许多好吃的，而奶奶总是舍不得吃，她说："让我的乖孙女吃吧，好长大个。"我明白奶奶对我的爱，于是我拼命地投稿，用赚来的稿费买了一袋奶粉。当我把奶粉放在奶奶眼前时，我发现她那本已混浊的眼睛里闪出晶莹的泪花。

发现，使我看到了妈妈的欣慰；发现，使我懂得了爸爸的希望；发现，让我回报了奶奶的疼爱。

点评

有一双会发现的眼睛，你就不会对家人的关爱熟视无睹，不会错过对家人的关爱；有一颗细腻敏感的心，你就不会忽略身边的爱。

意外的发现

近日，我身体不适，经常夜中咳嗽，不料，却因此听见了一场神秘的对话。三天前，紧张的复习还是压垮了我，我浑身发烫，迷迷糊糊，似在梦中……忽闻有声，忽大忽小。我大惊，忙细听，原来是书包和桌子在对话：

"书包老弟，你是不是太胖了，撑得我实在受不了？"课桌说。

"唉，课桌大哥，你真是有所不知啊！我书包原来可是玉树临风，在你的肚子里那才叫宽敞、自在哩！"书包说。

"是呀，那时多好呀！可你现在为什么变成这样子了呢？"课桌不解地问。

"由于小主人的学历一年比一年高，我的'饭量'也就随着增大。现在我好难受呀，你知道前几天我称了称有多少斤吗？"

"顶多15斤。"

"哪呢，30斤整。"

"啊，那么多！"

"唉，我该怎么办呢？"

"老弟，我听说最近出了一种减肥方法，好像叫什么来着……喔，对了，叫'素质教育'，你去试试看怎么样。""没用，我的一个朋友比我还重，他足足有35斤，前几天用了一个疗程，还挺管用，可是没几天就不管用了，又反弹回去了。这一反弹比牛市股票的增长率还高呢？这一'减'不要紧，现在他的体重已超过40斤了。"

"我听说电视里天天喊'素质教育'，没想到也不过是个幌子，一到实践就彻底玩儿完了。"

"什么？这能是'素质教育'的错吗？"迷迷糊糊之中，我插了一句嘴："应试教育应承担全部的责任。你看我，应试着应试着，烧到40℃……"

书包和桌子没想到秘密的谈话还有第三者偷听，这意外的发现令他们一时不敢出声。半天，只听书包、桌子窸窸窣窣地说："其实'素质教育'并没有错，曲解的人多了，也就成'错'了。"

(点评)

本文用童话的形式反映目前教育领域存在的现实问题：学生的负担越来越重，考试科目也越来越多，书包更是越来越沉。希望"素质教育"不只是一句空话，要真正落到实处。

我发现枕头里有个世界

从小，我就有落枕的毛病，早晨起来，常常歪着脖子，疼得大喊大叫。母亲总是小心地替我揉来揉去，可这毕竟不是个长久之计。

市场上卖的枕头对我不适合，母亲决定自己动手做。棉花是最适合做枕头的材料，可是太软了不行，太硬了也不行，母亲就一把把地挑，感觉适中的才放进枕袋。两天后，我感激地接过妈妈做的这只花枕头，它那么轻，却又那么重。我把头放到花枕的中间，正好凹下去，将我的头包在里面，棉籽轻轻按摩着我的头部，舒适极了，像是在静静的深夜里，我躺在海边的沙地上，看着满天繁星，吸着清新空气，呼吸之间全是妈妈的馨香。

可是夏天来了，棉花被汗水一浸，就会发出霉味。于是，我撇开枕头，仰着头睡觉，结果我脖子又歪了。母亲又有心事了。

没办法，母亲只好托人从外地带回一大包绿豆壳，用它又缝制了一个新枕头，这个枕头比棉花的好多了！我睡在上面，只要头轻轻一动，就会有一种"沙沙"的声音，像没有歌词的童谣，在静静的夜空弥散，连夜的精灵都会因此止住脚步，自然我也睡得格外香甜。后来我才知道，这些绿豆壳花了父亲近半个月的薪水，或许是因为太喜欢这绿豆枕了，我做作业时都会抱着它。有一天枕布破了，看到绿豆壳飘然落地，我的眼泪也一下子落了下来：

这可是母亲为我做的第二个枕头啊！

上初中了，离家那天，母亲塞给我一只新枕头。新枕头溢着一股药香，沁人心脾。母亲说，这是父亲特地去南通买的。在学校的每一夜，枕着药枕，听枕中药材摩擦发出的声音，简直是在欣赏人间最美妙的音乐。我仿佛又找到了家的感觉！每一次闭上眼睛，我就像是一手牵着父亲，一手牵着母亲，来到了落叶林，看一地金黄，满是温馨。

岁月流逝，我渐渐明白，在这变化的枕头里有个不变的世界，在这个世界里，有一种情感无时无刻不在延续。也许，关于这个世界的故事并不精彩，可它会伴我一生一世……

点评

本文通过记叙不断变化的枕头里有个始终不变的世界，以小见大写出了亘古不变的亲情，选材新颖，描写细腻。

我发现棋如人生

从四年级开始，我学会了下象棋，多年来，我渐渐发现，这小小的棋盘反映着偌大的人生。

两人对弈，胆大者棋风泼辣，刚开局便全线出击，奋勇前进，大有"气吞万里如虎"之势；胆小者重于防守，步步为营，举棋不定，唯恐一招不慎，满盘皆输，便坚持"人不犯我，我不犯人"的原则；稳重的人深思熟虑，棋风矫健，貌似平静，却早已成竹在胸；轻浮的人急躁冒进，急于求成，行棋不虑后果，终因一叶蔽目而全局败北；工于心计的高手第一局故意输给对手，增其傲气，灭其防备之心，而暗探对手套路，以谋对策，且言"君子让头局"，真可谓名利双收了，而后避人之长，攻其之短，处处陷阱，请君入瓮，直杀得对手连局皆输，俯首称臣为止；高傲自大之徒往往瞧不起对手，摆出一副唯我独尊、盛气凌人之势，对手往往被"震"住了，此等人心理虽胜人一筹，但并无真才实学，也难有胜局……人们不同的性格、不同的心态都在这楚河汉界中表现得淋漓尽致。

棋之静，如一池春水，波澜不兴；而一旦化静为动，则狼烟四起，杀戮大开，这气势绝不亚于硝烟滚滚的战场。

棋逢对手确是一件快事。双方坐定，大战三百回合，直杀得天昏地暗，仍不分胜负。此时，双方都免不了心情烦躁，自己大意失荆州，被对手抓住机会，穷追不舍，似乎败局已定，胜利无望，忽又眼前一亮，柳暗花明，回马一枪，直捣黄龙，对手亦无防备，最终落败。此时顿觉特别畅快，回味无穷……

其实人生也就是一局棋，生活便是对手，是不易言败的对手，自己只有在行棋中吸取经验，总结教训，不断完善自我，方能取得胜利。我总想，能在这一方小土地上发现这生命的玄机，也就不枉此一生了。

所以，与其说棋如人生，不如说人生如棋。

点评

本文用下棋来比喻抽象的人生，借物喻义，生动形象，深入浅出，对我们写作很有借鉴意义。

我发现夕阳是如此美丽

夕阳的一缕余晖斜射在墙上，看上去是那么恬静，雪白的墙壁映出点点淡红，真美！

家中静静的，家人的心被爷爷的病情牵着，脸上也都笼着一丝愁云。

突然听到爷爷房中有轻微的响声，紧接着是穿鞋下地的声音。我忙跑进房里，是爷爷！几个星期都没起床的爷爷今天怎么……我满脸疑惑，忙去搀爷爷。刚走几步，就听到妈妈房中也有了轻轻的响声（奶奶因中风搬到隔壁妈妈房中）。爷爷手扶着墙，一点点移动脚步，向妈妈房中走。奶奶在妈妈的搀扶下也挪动着步子，慢慢地向爷爷这边走来，只见爷爷的脸上掠过一丝笑意，眼角的皱纹像鱼尾似的向两边舒展开来，两脚移动得更快了。无奈力不从心，爷爷身子向前一倾，差点摔倒，我一把搀住，爷爷脱开我的手，扶着墙喘着气，仍不停地向前挪动着脚步。

奶奶的头发已稀疏无几、白发苍苍，中了风的身子也在颤抖着，她望着爷爷，眼里噙着泪花，嘴唇在不停地微微颤抖着，轻声念着："老头子，老头子……"奶奶的双手用力向前伸着，爷爷也伸出那双苍老的饱经风霜的手，费力地挪着步子。

近了，更近了……两双手终于握到了一起。此时此刻，一切尽在不言中，一世的深情都浸在这牵手之中。妈妈背过身拭去了泪水，我也泪流满面。

微风中，夕阳余晖映照下的墙壁更加美丽。爷爷和奶奶紧握着手，任泪水肆意地流淌。远处飘来清晰的歌声："因为牵了你的手，来世还要一起走……"

爷爷和奶奶就这样站着，似两尊亘古的雕像。他们牵着手度过艰苦的岁月，历经几十年风风雨雨，一直到白头。

夕阳无限好，只是近黄昏。

点评

夕阳中一对老人牵手的细节描写像特写镜头一样定格成为最美的画面，这也是本文最大的写作特点。最后恰当运用歌词来升华主题："因为牵了你的手，来世还要一起走……"

我发现女孩也可做"太阳"

应该庆幸，造物主在创造男性的同时也创造了女性，于是，冷峻与温柔、健壮与纤弱、粗犷与细腻共存于天地之间。

不知从何时起，许多人的思想发生了改变，重男轻女，认为"男孩是太阳，女孩是月亮"，言外之意是：太阳是光源而月亮不是。我心里很不服气。每当男孩唱起《男儿当自强》这首歌时，我的心里就在默念："女孩也要自强！"几个月前，物理老师告诉我们要举行全国物理竞赛的好消息，他希望同学们能踊跃报名。几名成绩一向很好的男生这时都失去了往日的"勇猛"，缩头缩脑地就是不作声。我想："当太阳的机会来了！"于是我就报名参加比赛，老师和同学们向我投来疑惑的目光。

下课后，那几名男生走到我桌前，"皮笑肉不笑"地说："有本事就拿回一个奖，要是拿不到，回家当傻丫头吧！""我会的！"我扔下一句话，就一头扎进预赛的准备中。此后，我才体会到什么叫真正的苦。我有点想偃旗息鼓了，耳边却又回荡着那几位"太阳"的声音："拿不回一个奖就回家当傻丫头！"傻丫头？不，我要捧着奖状证明："我能行，女孩也可以做'太阳'！"于是我重抖精神，熬夜验算；我在图书馆里寻觅一本本资料；我到老师身边求解一道道难题；我到实验室里观察一个个变化。我并不因此觉得苦和累，因为我始终想着："要为女孩争一口气。"我要证明："女孩子也可做'太阳'！"

学校举行的预赛结果出来了，获奖名单前挤满了同学。啊，我的名字在最前面，我成功了！物理老师向我投来赞许的目光，那几名男生和我擦肩而过时，自然不再说"傻丫头"了，而是脸上也露出一丝善意的微笑。

我用我的行动证明了女孩子能够做"太阳"，女同胞们，你们说是吗？既然我们存在于这个世间，就要勇敢地撑起这"半边天"，不要被另外"半边天"小瞧，我有这个信心，女同胞们，你们呢？

点评

读完本文，一个倔强独立、自强不息的女孩子形象呼之欲出，写出了人的精神状态。

我发现了自己的理智

18岁，是花的季节，是雨的季节。就是在这样一个季节里，我发现了自己的理智。

一个偶然的机会，我参加了学校的假日补课班。在一堂语文课上，我正专心地抄笔记，并没有注意其他人。忽然，前排有人在叫我的名字，声音很陌生。我抬头一看，一副漂亮的面孔一下子跃入我的眼帘。"你……你有什么事？"我结结巴巴地问，自己觉得声音好像有些变调了，脸颊也阵阵发烧。"你可不可以把笔记本借给我？我有几个地方没听懂。""当然可以。"我找回了自我，把笔记本递给她。她接过笔记本，嘴角闪出一丝微笑，便转过头去。我呆在那儿，脑子里一片空白，这也许就是一些小说里写的"一见钟情"吧，我沉浸在自我的遐想中……

第二天，也不知是什么原因，她竟坐到了我的旁边。那时我的感觉是什么呢？是"幸福"？是"希望"？对！一定要把握住机会。我决定主动出击来赢得她的喜欢。用什么作为话题呢？有了，昨天她还借走了我的笔记本。"Hi……"我说。"噢！我都忘了把笔记本还给你，谢谢！"说完，她又给了我一个微笑。这个微笑，使我更加紧张起来，一时不知该说什么好。这时，我的心脏跳动得愈来愈快，浑身的血液仿佛在倒流，就像刚跑完1000米的感觉。啊，数学王国里的X、Y已让我伤透了脑筋，你怎么又给我出了这么一道难解的人生题！

嗨，既然已经与她搭上话了，那接下来该怎样办呢？给她写一张纸条？不行，这张纸条分明是船票，在我们这年纪，能驾驭这条船去搏击人生的风浪吗？我只是一名高三的学生，正临近高考——人生第一次重大选择。面对高考，我应该去拼！去搏！这才是我应该去做的，万万不能为过早到来的"儿女私情"而迷失了自我，我的脚下还有一段很长的路在等着我走呢！

花季雨季里，我发现了自己的理智，我为战胜自我而高兴。

点评

用冷静的头脑对待青春的悸动，文章反映了热点问题，中规中矩，心理描写非常成功。

写写

牛刀小试：

有人说，岁月像一条河，生活像一首歌。生活中有得意也有失意，有成功也有失败，有悲欢也有离合……生活就像万花筒。只要你善于发现，就总能看到它的丰富和美丽。

生活是写作的源泉，请以"发现"为话题，写一篇文章。

要求：①自拟题目，作文内容与话题要有密切的联系；②自选文体；③自定立意；④不少于500字。

训练达到的目标：感情真挚，思想健康，内容充实，中心明确，见解新颖，材料新鲜，构思新巧，推理想象有独特之处，有个性特征。

发现，我们应该怎么样选材立意呢？请看老师的例子：

我发现友情最重要；我发现健康最重要……

我们把刚才的说的话进行这样的整合，就可以很轻易的为这个话题作文找到材料了，我们甚至可以用这种方式给作文命题。

方式方法：

为了将话题化大为小，我们可以采取的办法是：在话题前后加上相关的词语或者短语，使话题选材的开口更小，更具体。

像这个题目，我们还可以怎么加上词语或者短语呢？

发现生活中的美；发现生活中的善；发现生活中的变化；发现有许多人在关注我们。

我们还可以在发现前面加上其他的词语作为主语，那么，我们的作文的叙述角度就会发生变化。我们同学可以加一加试试看。

我们还可以在发现前面加上状语，如：

我在公共汽车上发现了生活中的善良；我在影视剧中发现××××；我在寝室里发现青春时期的生活是多么灿烂；我从书本上发现……

思路点拨：

人人都在生活中，但是未必人人都深刻认识生活。

写作"发现"的话题，需要作者打开第三只眼——慧眼，不只能从惊天动地的大事中发现生活的价值和意义，更能从平凡的生活小事中发现生活的丰富和美丽，写出"见人所未见"的感悟。

比如，一位在医院陪病人的小姑娘，误把透过残窗斜射到过道上的一方月光当成了白手绢，弯腰拾了一下，这么一件小事真是普通得不能再普通，细微得不能再细微了，小姑娘不被人看见也罢，被人看见了恐怕只有尴尬的份儿。

假如你目睹了这一场景，会涌出什么样的情感呢？恐怕会投去鄙夷的一瞥吧。

这能当作写作的素材吗？

作家鲍尔吉·原野刚巧在医院为父亲陪床，目睹了这一场景，他不但没有嘲笑小姑娘，反而觉得这一举动充满了生机。"小姑娘也是病人的家属，我不知道她的病人在床上煎熬着是怎样的痛苦，但她的心里仍然装着美，不然不会把月光当成手帕。"作家感叹自己在小姑娘之前已将楼道走过几遍，却对周围懵然无动于衷，反问自己为何不能像小姑娘一样空灵。许多年以后，作家写出了美文《月光手帕》，启迪读者：世俗的眼光使我们失去了多少美的发现，给我们造成了多少无法弥补的遗憾。

学习鲍尔吉·原野，发掘并表现生活中的美吧。

月光手帕

鲍尔吉·原野

很多年以前，我在医院为父亲陪床。病人睡熟后，陪床的人并没有床可以睡，时间已在后半夜，我散步在一楼和三楼的楼梯之间。这时医院没什么人走动了，几个乡下人披着棉衣蹲在楼梯口吸烟。偶尔，有戴着口罩的护士手执葡萄糖轻盈往来。

我下到一楼，又拾阶上楼。走在我前面的一个小姑娘，大约是个中学生，行走间蹲下，拣一样东西，旋又走开了，回头瞅我一眼。她走开后，地上一个薄白之物仍放着，像一方手帕。

我走近一看，这不是手帕，而是一小片月光摊在楼梯上。为什么是一小片呢？原来是从被钉死的落地长窗斜照进来的，只有一方手帕大的小窗未钉死。子夜之时，下弦月已踱到西天。这一片月光射入，在昏黄的楼道灯光下，弥足珍贵。

小姑娘误以为这是奶白色的手帕，她弯腰时，手指触到冰凉的水泥地上便缩回了。她瞅我一眼，也许是怕被嘲笑。我不会笑她，这一举动里充满生机。小姑娘也是一个病人的家属，我不知她的病人在床上忍受怎样的煎熬，但她这样敏感，心里盛着美，不然不会把月光误作手帕。

在她发现这块"月光手帕"前，我已将楼梯走了几遍，对周围懵然无动于衷。正是因为她的弯腰，才诱使我把这一小片月色看成了手帕，或者像手帕。但我感伤自己已没有她那样的空灵，走过来也不会弯下腰去。因为一双磨炼得很俗的眼睛极易发现月光的破绽，也就失去了一次美的愉悦。

许多年过去了，我对此事有了新的想法。多么希望她能够把这块"手帕"捡起来，抖一下，但那是不可能的事情。我替月光遗憾，它辜负了小姑娘轻巧的半蹲捡手帕的样子。

附录：

1. 选材的例子：我发现生活中的"美"

明确"美"的内涵。

具体的、漂亮的东西、景物，值得欣赏。例：美丽的礼物。

抽象的崇高精神、情感，值得学习、赞颂。例：美丽的心灵。

由话题联想到哪些与话题有关的人或事？

树是美丽的——奉献精神。

医生是美丽的——白衣天使、救死扶伤。

教师是美丽的——为人师表，教书育人。

书是美丽的——陶冶性情、提高修养、终身受益。

声音是美丽的——令你感动、使你温暖、让你受益、催你奋进。

2. 选材的例子：我发现感恩可以从小事做起

（1）有个国王有三个儿子，他很疼爱他们，但不知传位给谁。最后，他让三个儿子回答如何表达对父亲的爱。大儿子说："我要把父王的功德制成帽子，让全国的百姓天天把您供在头上。"二儿子说："我要把父王的功德制成鞋子，让普天下的百姓都知道是您在支撑他们。"三儿子："我只想把您当作一位平凡的父亲，永远放在我心里。"最后，国王把王位传给了第三个儿子。

（2）老师正在做一次如何感恩父母的调查。

一名同学马上说："等我长大的时候，我要送一套大别墅给他们。"其他的同学露出惊奇的目光。

另一名同学接着说："我要请爸爸妈妈出去旅游，南极的冰川和北极的极光就是我送给他们的礼物！"其他的同学传出不小的赞叹声。只有一个女孩怯怯地说："我要给妈妈洗头，让……让她的长发飘逸起来……"空气在这一刻凝固了，教室里静得能听见心跳声。

"为什么？"老师不解地问。

"在一次车祸中，妈妈的双手致残，只有我给她洗头……对妈妈来说，洗头是种幸福！"

教室里爆发出雷鸣般的掌声。

3. 怎么将文章写得具体一些

（1）用数字具体地写出事物的精准大小。

（2）用比喻来状物。

（3）用形容词写出事物的状态及其程度。

（4）写出事物的外形特征。

（5）写出事物的色彩特点。

（6）写出事物变化过程。

（7）写出周围环境。

（8）写出不同的声音。

（9）写出活动过程。

（10）写出人物的外貌。

（11）写出人物对话的内容。

（12）写出人物的内心活动。

"陪伴"专题

"草，在结它的种子；风，在摇它的叶子。我们俩站着不说话，就十分美好。"

在顾城的诗里，陪伴就是这样简单而美好。在我们每一个人的生命里，会遇到各种各样的陪伴，比如，现在阅读和你是一段短暂的陪伴；我们的学生时代，和同学是几年的陪伴。还有一种陪伴，是注定一生的陪伴，那就是我们和父母、孩子之间的陪伴。

名作赏读

陪 伴

余秋雨

2012年11月18日

九旬老母病情突然危重，我立即从北京返回上海。几个早已安排的课程，也只能请假。对方说："这门课，很难调，请尽量给我们一个机会。"我回答："也请你们给我一个机会，我只有一位母亲。我这门课，没法调。"

妈妈已经失去意识。我俯下头去叫她，她的眉毛轻轻一抖，没有其他反应。按照电视剧的模式，她的眼角会流出一滴热泪，但没有。妻子说，如果真有眼泪，证明妈妈还很清醒，而这种清醒就是痛苦。

我终于打听到了妈妈的最后话语。保姆问她想吃什么，她回答："红烧虾。"医生再问，她回答："橘红糕。"她突然觉得不好意思，就咧嘴大笑。笑完，彻底屏蔽。橘红糕是家乡的一种米粉粒子，妈妈儿时吃过。在生命的终点，她只以第一食品和最后食品来概括一生，然后大笑。

2012年11月19日

妈妈的脸，已经不会再有表情。听舅舅说，早年在上海，她也算是大美女。与爸爸结婚后，难于在抗战时期的上海安家，妈妈就到她陌生的余家乡下居住。但这一对年轻夫妻少想了一个关键问题：家乡没有学校，孩子出生后，怎么完成最基础的教育？这孩子，就是我。

妈妈的头发在今天的病床上还只是花白。在我牙牙学语的那些年，她那头乌亮的短发，是家乡全部文化的"中心网站"。办识字班、记账、读信、写信，包括后来全村的会计，都由她包办，没有别人可以替代。她的这头头发，清扫了家乡20世纪50年代以前的文盲荒原。

妈妈做这些事情的时候，带着她幼小的儿子。等到家乡终于在一个破旧的尼姑庵里开办小学，她幼小的儿子一进去，就被发现已经识了很多字，包括数字。几位教师很快找到原因了，因为小孩背着的草帽上，写着四个漂亮的毛笔字："秋雨上学。"是标准行楷。

至今记得，年轻的妈妈坐在床沿上，告诉我什么是文言文和白话文。她不喜欢现代文言文，说那是在好好的头发上扣上一个老式瓜皮帽。妈妈在文化上实在太孤独，所以把自己幼小的儿子看大了，当作了谈心者。到我七岁那年，她又把扫盲、记账、读信、写信这些事，全都交给了我。

妈妈把这些重任交给我的时候给了我一个"代价"：今后我的全部家庭作业全由她做。但由于我的同学家都点不起油灯，学校早已取消家庭作业，于是妈妈转而为我做暑假作业和寒假作业。我小学毕业后到上海考中学，爸爸听说我从来没做过家庭作业，吓了一大跳。

我到上海考中学，妈妈心情有点紧张，她害怕独自在乡下的"育儿试验"失败而对不起爸爸。我很快让他们宽心了，但他们都只是轻轻一笑，没有时间想原因，只有我知道。我获得上海市作文比赛第一名，是因为已经替乡亲写了几百封信；数学竞赛获大奖，是因为已经为乡亲记了太多的账。

2012年11月20日

妈妈好些天已经不能进食，用"鼻饲"的方式维持生命。我妻子定时用棉花签蘸清水湿润她的嘴唇。从她小小的嘴，我想起，她一辈子最大的事业，就是在一个个极端困难的灾难中，竭力让全家那么多嘴，还有一点点东西吞咽。这个事业，极为悲壮。

1962年经济稍微恢复，我还因饥饿浮肿着，有一天妈妈要我中午放学后到江宁路一家极小的面店去。那儿开始有不凭粮票的汤面供应，一人只能买一碗，八分钱，浮着数得出的几根面条，但是，排队的时间是两个半小时，队伍长到半里路。我放学后到那里，妈妈已经端着一碗汤面站在那里等我。

妈妈的右手在输液，我一次次摸着，还是温热的。"文革"中，我爸爸被关押，全家顿失经济来源，我已经没钱吃饭了。那天妈妈来了，叫着我的小名，就用这只右手握着我的手，我立即感觉到，中间夹着一张纸币。一看，两元钱。

很快，我通过侦查，实地看到了这钱的来源。妈妈与其他几位阿姨，到一家小工厂用水冲洗一沓沓铁皮。她们都赤着脚，衣裤早已被水柱喷湿，那时天气已冷，而那铁皮又很锋利。洗一天，才几毛钱。上次她塞在我手里的，是她几天的劳动报酬。想到这里，我又用手，伸到病床里，摸着了妈妈的脚。

2012年11月22日

蔡医生询问我妻子，妈妈一旦出现结束生命的信号，要不要切开器官来抢救，包括电击？妻子问："抢救的结果能让意识恢复吗？"医生说："那不可能了。只能延续一两个星期。"妻子说，要与我讨论，但她已有结论：让妈妈走得体面和干净。

我的意见就是妈妈自己的意见，这是身上的遗传在发言。妈妈太要求体面了，即便在最艰难的那些日子，服装永远干净，表情永远典雅，语言永远平和。到晚年，她走出来还是个"漂亮老太"。为了体面，她宁肯少活多少年，哪里在乎一两星期？

2012年11月25日

妈妈，这次，您真要走了吗？乡下有些小路，只有您我两人走过，您不在了，小路也湮灭了。童年有些故事，只有您我两人记得，您不在了，童年也破碎了。

妈妈，从二十岁开始，我每次要做出重大选择，首先总会在心中估量，万一出事，会不会给您带来伤害。您平日的表情举止，都让我迈出了像样的步伐。如果您不在，我可以不估量了，但是，一切行动也就失去了世代，失去了血脉，失去了力量。

妈妈今天的脸色，似乎褪去了一层灰色。我和妻子心中一紧：妈妈，您的生命，会创造奇迹吗？多么希望，您能在我们面前安睡更长时间。

——原题《伺母日记》

赏析

著名文化学者余秋雨在母亲去世前的日子里，推掉所有工作，在医院陪伴病危的母亲。他的《伺母日记》回忆了儿时母亲陪伴自己度过的难忘时光，字里行间流露出对母亲深深的感激之情，这些情意深长的文字，直抵人的心灵。

陪　伴

深沉的墨蓝色天幕下，斜斜地升起半弦月，残缺不堪，孤苦伶仃，只有它，发出灼灼的光，晕开了一角夜空。

微微敞开的窗边，爸爸一个人沉默地斜倚在躺椅上，没有丝毫睡意，却也什么都不做，只一双眼看着门外的大厅，那角度偏转过去，恰巧看得见木棺的一角和棺前一盏淡黄色的长明灯。那细长的灯火跳跃着的瞬间照亮了爸爸静如止水的眸里深掩的落寞与哀伤。我怔了怔，却还是推开半掩的房门进去。他看见我："怎么这么晚了还不睡？"乡下的规矩，家里长辈去世了，孩子是要守夜的。爸爸作为爷爷唯一的儿子，自然是这样做的。

我摆了摆头："爸，我睡不着，我坐会儿。"说着，打开带来的一本小说摊在桌上翻阅起来。老宅大厅里的灯光忽闪忽现，周围寂静无声，略有躺椅摇晃的吱呀声穿梭在整个堂屋里。

我就坐在爸爸的身边，他的寂寥已经比得上窗外的半弦月了。过了半晌，我感到了一丝睡意，耳边却忽的响起爸爸的声音"怎么一眨眼……人就走了呢……"难以言说的沙哑和沧桑感，似乎一刹那就席卷了我整个身体，触动了我内心的每一个细胞。那种失落感，是无法用任何语言描述的！

我是那么渴望可以安慰他，鼓励他，甚至讲一个笑话逗他开心。可是此刻，我却发现，所有的一切在眼前的这个男人眼里已经破碎成灰烬，不值一提。

"爸，生老病死都是正常的，况且，不管怎么说，爷爷他……他也都算是寿终正寝，你……你别那么……"讷讷地开了口，却也无法成句，只得讪讪地闭了嘴。

"恩，我明白。"他依旧不变的注视着宅子大厅里那盏长明灯，那灼灼闪烁的亮光在他眼里，仿佛就是爷爷依旧未离开的灵魂之源，还在富有生命力地跳动，还依旧展开着那慈祥的笑脸！

夜极深了，月也已经旋转了半个天空，到了天际。我起了身，走进厨房，泡了一杯热腾腾的茶，端进了房里，递给他："爸，喝杯茶吧！等到明天，去火葬场时别累着了。"就这么一会儿，天际已渐渐变为乳白色，淡金色的亮光似乎正缓缓吞蚀着夜的黑暗和寂寥。

这最难熬的一夜即将过去。眼前的男人——我的父亲，是那个给予我依靠和温暖的人。而这一夜，是我陪伴在他身边的唯一一夜，我却那样深切地感受到这空气里的每一个因子都充斥了那样的脆弱与无助。

我不知道他是否感受到我想给他的支持，但是我已经做了我可以做的一切。恍然间，天空已经大亮，金色的阳光斜射进堂屋，那长明灯在光影的包裹下静若透明。

赏析

这篇写人的记叙文，叙写的是爷爷去世后爸爸长夜相伴的故事。人生最大的痛苦莫过于亲人逝去，作者善于用景物描写来衬托人物心情的沉重悲凉，对话简单，人物形象突出，情感真挚，中心思想鲜明。

陪 伴

邀一轮明月，携一缕清风，品一盏香茗，捧一卷书籍，任思绪畅游其中。千年的蒹葭散发着晚香，细品纯朴的民风；杨柳岸晓风残月的美景，铭刻着分手的惆怅；花落人亡红楼梦断，感慨有情无缘的爱情。一路走来，有书陪伴，于是丰满了青涩的青春。

蒹葭苍苍，曲不哀！

秋更深了，寒露更浓了，河边一丛丛芦苇迎风招展，白色的花絮上有晶莹的露珠在闪烁，好似少年盛开的心事，纷乱而又单纯——远处俏丽的身影飘然而过，少年沿河追溯，可是河水汹涌阻隔，只能朦朦胧胧地看到她的裙裾飘在风中，转眼间她隐约出现在河的中央。河水无语，岸边伫立着一个期盼的身影，任凭冬去春来，日复一日，年复一年，甘愿化为河底柔柔的青荇，守候在她脚下的柔波中，伴随着日出日落，潮涨潮汐，始终守望着心中的那份美丽。

晓风残月，更与何人说？

晓风习习，疏柳萧萧，一弯残月高挂杨柳梢头。这是哪里？我身处何处？一丝蝉鸣，是那样的无力，对了，我已离开了京城，昨日已经告别了朋友，此处已是异地他乡。寒蝉声再起，这个冷落的清秋啊！何时才执子之手呢？从此天涯永隔，美好的年华只有在长久的空寂与思念中度过。"杨柳依依，今我别昔"，离别的绝唱唯有"晓风残月"。

红楼梦断，何处是香丘？

姹紫嫣红的大观园，隔断了世俗与肮脏。可贾府的衰落是不可逆转的，小小一园不可能避免悲剧的上演。十二女伶的"离乡怨"，林黛玉的"潇湘馆"，薛宝钗的"恨无缘"，直至贾宝玉悬崖撒手遗红怨。理想与现实在此冲突，现实多弊却根深蒂固；理想难行却矢志不渝。可柔弱的理想如何改变黑暗的现实？"质本洁来还洁去"吧，"一抔净土掩风流"，何处是香丘？手捧书卷，空余满腹惆怅，唯有掬一把热泪，洒于闺阁之中。

有书陪伴，不仅装点了我青春的青涩，更让我走向成熟。

赏析

这篇文章表达了作者"以书为伴，丰满自己青涩的青春，让自己走向成熟"的主题。以三句诗句为标题，具体描述了文学阅读带给自己的人生感悟，富有丰富的意蕴。

陪　伴

给老班的一封信

尊敬的老班：

　　您好！

　　此时此刻，我正坐在考场内给您写信。我觉得用这种方式，能更好地表达我的心声：感谢3年来您的陪伴。

　　刚入初一的我，第一次月考成绩一塌糊涂。您没有责备我，而是给了我一篇题为《即使倒数第一，也别自我放弃》的文章，嘱咐我每天看一遍。您让我懂得了要做一匹骆驼，只要长时间坚持，前方一定会出现绿洲。

　　初二的冬天，雪很大，仿佛是为了衬托我心中的酸楚。父亲下岗，我无法面对这一现实，感觉天塌下来了，每天上课都萎靡不振，同学送我外号"小迷糊"。您发现了我的反常状态，及时找我谈心，安慰我，鼓励我，带我走出了逆境。

　　老班，您还记得吗？那天学校发了进步奖，您带着它到我家家访。母亲从您手里接过奖状，脸上笑开了花，久违的笑声回荡在房间里。您临走时告诉母亲："你儿子再努力一下就能进入优等生行列了，考入一中大有希望啊！"

　　老班，您不知道，您走后，母亲破天荒地为我做了一顿红烧肉。

　　初三的春天来得比往常早。一次月考，我居然考了全班第一。周末，您请我们几个班委去您家吃饭。席上，我很想听到您对我的夸奖，您却说："这次考得好，下次不一定考得好；这次没考好，下次不一定考不好；人外有人，天外有天……"从此我虚心学习，终于在优秀生的行列里站稳了脚跟。

　　今天，我想用最朴实的文字表达我的心声：感谢3年来您的陪伴。

　　老班，您的陪伴如歌，美妙动听；如酒，芳香清醇；如诗，意境深远。有您陪伴的日子，真好！

　　此致

　　敬礼

您的学生：自强不息

这篇文章用质朴的语言，真挚的情感，表达了作者对辛勤培育自己的恩师的感激之情，这种感情如涓涓细流，娓娓道来，从作者细数的一件件琐碎的小事中，我们读出了感谢、依恋、自信。文章的细节描写为文章增添了丝丝韵味，如"脸上就像开了一朵花"生动地展现了母亲得知我的成绩后的激动与喜悦。

陪 伴

季节的栅栏毕竟关不住星移斗转，岁月的年轮始终前进着。猛回头，潮涨潮落淹没了往昔的足迹，细数支离破碎的记忆，只忆得与无数次的挑战相伴。

挑战——儿时玩耍的目标

小时候，我和伙伴们总是玩一些小游戏，搭几块积木也要比谁搭得高、搭得快，年幼的我们争强好胜，不比过对方誓不罢休。正是在这种挑战下，我们的毅力得到充分提高。

挑战伴随着我度过儿时玩耍的时光。

挑战——童年学习的动力

小学时，班里有很多出类拔萃的学生，为了名列前茅，我必须不断挑战他人。

有一次考试失利，其他同学兴高采烈，我却闷闷不乐。一名同学对我说："嘿，我超过你了，你要努力啊！"于是，我暗自下定决心：失败没什么大不了，努力才是最重要的，我要挑战他们，更要挑战我自己！我心中有了信念，便一往直前，不后悔、不后退。

那一次次学习上的挑战，让我成为班里的佼佼者。

挑战——少年拼搏的源泉

到了初中，班里更是人才济济，学习、体育、绘画、书法、作文，各样都有出众的人才。整日往来于各式各样的科目，我疲倦了，已无力再拼搏了；面对其他同学，我甘于渺小。

恍惚间想起那句："你若甘于平庸，便无能为力；你若心存挑战，世界都会为你让路。"

是啊，那些斗志去哪了啊？我应该挑战自我，奋力拼搏！

是挑战给了我拼搏的力量，让我更进一步。

时间在点点滴滴中流过，或许，一些人、一些事已经远离了我们的记忆，但我能把握住的，便是挑战的成果。

窗外偶尔传来的车轮声碾过我飘忽的思绪，将它抛给记忆中的故事。翻阅往事，我发现是挑战陪伴我成长、进步。

有挑战的人生，一定不会平庸，相信挑战会陪伴我描绘出绚烂的明天！

赏析

这篇议论文开篇点题，从"挑战——儿时玩耍的目标、挑战——童年学习的动力、挑战——少年拼搏的源泉"三个方面论述了：有挑战的人生，一定不会平庸，相信挑战会陪伴我描绘出绚烂的明天！文章开宗明义，论证层次清晰，论据新颖丰富，论述深刻简练，结尾发人深省。

写写

牛刀小试：

题目：陪伴

要求：①有真情实感；②文体自定；③不少于600字。

思路导引：

首先，这是一个独词式命题作文，审题时，首先要明确"陪伴"的含义是"随同做伴"。仔细分析，它有多个义项：①侧重于"陪同"。②侧重于"做伴"。③附加其他事物使主要事物更突出。根据这几个义项来审题就可打开思路。

其次，在题目的前后添加疑问词进行选材方向的定位，如"谁陪伴谁"，由此可以再细化为以下三个方面："谁陪伴我""我陪伴谁"和"别人陪伴别人"。

"谁陪伴我"的主语"谁"可以是：人、具体事物、抽象事物或概念。"人"既可指父母、师友、对手等，又可指古今中外名人、文学作品中的人物等。"具体事物"可指陪伴童年生活的书籍，见证成长的日记，勾起美好回忆的文具、自行车、闹钟、小花伞、树林、小河等。"抽象事物或概念"可指一首钢琴曲、一句话、勇气、理想、烦恼、微笑、挫折、幸福等。写作对象的丰富性，决定了选材的多样性。

"我陪伴谁"中的"谁"范围要小得多，只能是亲人或宠物等，不能是名人和具体事物。

"别人陪伴别人"，可以旁观者的视角，记叙发生在他人之间有关"陪伴"的故事。

构思示范：

1. 父母、师友陪伴我

这类陪伴是每个人成长中最熟悉的，适合写记叙文。开头："月光皎洁，是因为有群星的陪伴；我幸福，是因为有你们的陪伴。"然后从3个方面选材：生病时，妈妈的陪伴；考试失利时，老师的陪伴；孤独时，朋友的陪伴。结尾点题："人生路上，因为有你们的陪伴，我才如此幸福……"此类文章有精彩的细节描写，才能写出真情实感。

还可以用书信、日记等形式进行叙述。例如，给同桌写一封信，感谢同桌3年来陪伴自己渡过一个个挫折：沉溺网络的执迷不悟、青春期的叛逆、早恋后的痛苦等。

2. 古今名人、文学作品中的人物陪伴我

选取一个或几个对自己产生过重要影响的古今名人或文学作品中的人物，开篇点明主旨："感谢一路有你，伴我走过无知，走过稚嫩，走向成熟。"中间可选择以下片段：幼儿园有安徒生的陪伴，便有了梦想；小学有哈利·波特的陪伴，便有了对魔法的向往；中学有海伦·凯勒的陪伴，便有了直面挫折的勇气。篇末抒情："感谢一路有你始终陪伴在我左右。"

3. 具体事物陪伴我

成长路上，总有一些曾经陪伴自己的事物留下了美好的记忆。可以时间为线索，记叙院中那株蜡梅对自己的陪伴：春天——枝头的新芽陪伴我走下病床；夏天——繁茂的枝叶陪伴我苦练钢琴；秋天——缤纷的落叶陪伴我走出比赛失败的阴影；冬天——怒放的花朵陪伴我考级成功。还可以把父母、师友之爱寄寓于某个具体事物，如，书房里"天道酬勤"的条幅一直陪伴自己，因为那是父亲送给我的，是父亲对我的勉励与教诲。

4. 抽象事物陪伴我

可采用"总—分—总"的结构，写一篇感情真挚的散文。开头点题："因为幸福的陪伴，玫瑰的芬芳才沁人心脾；因为宽容的陪伴，生命的沃土才孕育出夺目之花；因为挫折的陪伴……"中间可采用并列结构，分别记叙与"幸福、宽容、挫折"为伴的具体事例，结尾简洁扣题，呼应开头。

5."我"陪伴他人

舍弃"他人陪伴我"的常规思路，选"我"陪伴他人的素材。开头议论："不仅仅是儿女需要父母的陪伴，有时，长辈也需要晚辈的陪伴。"中间记叙自己每个周末回老家陪伴孤独寂寞的爷爷，结尾由爷爷联想到天下的老人，发出感慨和呼唤："哪个老人在晚年不想有儿孙们陪伴呢？我们应该怀着孝顺、感恩的心，常回家看看，多陪陪他们，给老人更多的幸福。"这种构思角度与众不同，能引发更深刻的思考。

6. 有关陪伴的故事

随着城镇化的推进，留守儿童、空巢老人越来越多，他们由谁来陪伴？聚焦这些社会热点话题，并进行深刻思考，写篇小说或通讯。记叙一位年轻的大学生村干部陪伴、照料留守儿童的感人故事，发出"关爱留守儿童"的呼唤。这样的主题，能彰显与时俱进的忧患意识，体现出责任感和思想深度。

7. 陪伴的启示

从自然、家庭、社会的角度思考，以"陪伴是幸福的源泉，陪伴是和谐的体现"为中心论点写议论文；由自然界"绿叶陪伴红花，花儿更加鲜艳"的现象，联想到人类社会中像绿叶一样甘愿默默无闻陪伴他人的人，由物及人写抒情散文，讴歌他人燃烧自己、照亮别人的绿叶精神。

"岁月如歌" 专题

佛说："前世五百次的回眸，换来今世的一次擦肩而过。"大千世界，茫茫人海，无缘的你啊，不是来得太早就是太迟；而我们刚好遇见，有缘相聚在一个学校、一个班级，成了同学。三年，一千多个日子，有阳光普照，也有风雨交加，我们分担寒潮、风雷、霹雳；我们共享雾霭、流岚、虹霓。我们习惯了这种相扶相携、不离不弃的陪伴、温暖、幸福，充满了爱和力量……

"轻轻地我走了，正如我轻轻地来。"三年时光转瞬即逝。相聚犹在昨天，分别即在眼前。回首逝去的日子，数不清校园里留下多少欢乐，而今心头不免涌起丝丝不舍，缕缕怅惘。

但人的一生必然要走过许多"驿站"，每一个"驿站"，既意味着结束，也意味着新的开始。现在，就让我们对这三年的人生轨迹做一番回顾与梳理，为我们如歌的初中岁月画上一个圆满的句号吧！

青春读写

📖 读读

升格作文一：

岁月如歌
——我的初中生活

初中三年，我有太多的想法：总想揭开蒙娜丽莎神秘的面纱，去探究她那迷人的微笑；总想做孙悟空，去大闹天宫，喝仙酒，吃仙桃。可人生总不是一帆风顺的，就像刚出巢的小鸟，总要经历风吹雨打，才能练就一双坚硬的翅膀！

一直以为父亲是座山，我可以永久地处于山的怀抱中，感受山给予的安全和温暖；也一直以为这样的生活能够长久，我能够永远幸福快乐。可我没想到山会崩裂，父亲的身体会垮掉。父亲得了病，须及时治疗。这让自高自大、自以为很有主见的我突然不知所措，感到一片茫然。记得有人说过："也许人活着就是受罪的。"年少的我突然明白了这话的含义，只能苦笑，没了眼泪，没了欢笑，只有坚强，只有努力，只有依靠自己。即使折了翅膀，也要飞翔。于是我对母亲说："妈妈，您去医院照顾爸爸吧。别担心我和弟弟，我已经长大，我会照顾好自己，也能照顾好弟弟。"母亲凝视着我，突然哭了。

父亲在医院的这段时间里，我想了很多。古语云："骐骥一跃，不能十步；驽马十驾，功在不舍。"而我自高自大，自以为是骐骥，却不积跬步。不努力学习，如何探究蒙娜丽莎那神秘的微笑？不经历苦难，如何像孙悟空一样修成正果。记得《史记》上说："左丘失明，厥有《国语》；不韦迁蜀，世传《吕览》；韩非囚秦，《说难》《孤愤》；诗三百篇，大抵圣贤发愤之所为作也。"这些古代的仁人志士，处于那样的环境中，都能有所作为，我为何不能？于是我拿出纸笔，坚定而有力地写下："我要的坚强，不是谁的肩膀，怀抱是个不能停留的地方；我要飞翔，不是这双翅膀，自由是个不能代替的远方。"

后来，家里的一切归于平静，我又秉承着认真的学习态度，记住自己的职责，做父母的好孩子，做老师的好学生。也许我的初中生活少了点什么，一切都那么平淡如水，但这样的初中生活，我无悔！

点评

得分点：①文章的开头和结尾都能扣住题目"我的初中生活"来写，前后照应，结构不错。②小作者有着较为扎实的语言功底，文章中还有较大篇幅的引用，积累丰厚。

失分点（主要从选材方面来看）：①整篇文章几乎没有涉及学校生活的内容，即使是写父亲患病给"我"带来的打击，也给人蜻蜓点水的感觉，事例描写过于模糊，不够丰富。②选材离开了"我的初中生活"，出现了"跑题"现象。

提升点：我们可采用"嫁接移植"法，不妨把父亲的事例换成自己的亲身经历，写自己在痛苦中经过思想斗争，认识到人应该学会坚强。

升格作文二：

岁月如歌
——我初中生活的二三事

随着一张张试卷发下，我们的心也随之绷紧——物理考试开始了。刚才还疾呼男女平等、女权主义的女生们这时也不得不屈服于Physics的"淫威"之下——开始抱怨为什么不出两份难度不同的试卷，因为我们万能的上帝创造了物理能力相差很大的两类人——男和女。一个个"焦耳"、"欧姆"弄得我们"抓耳"、"挠腮"。"阿门！"我小声祈祷着，发现教室里的气氛越来越紧张，足以让人的心跳加快到200次/分的沙沙声，仿佛无数条饥饿的蚕在吞食着试卷——尽管时不时会出现消化不良。然而，无情的下课铃还是如期而至，老师更是做起了守时的榜样，经过一阵不可避免的"争抢"之后，老师抱着卷子，撇下一屋子的"残兵败将"扬长而去。

同学们开始担心"暴风雨"的来临。

校园文化艺术节到了，辛苦了一年的"眼镜族"们可要放松一下了。

只是，校方不作美，安排给我们年级的活动是篮球比赛。这不是要丢我们班这批"体育白痴"的脸吗？赛前，一名同学酸酸地问道："老师，万一一个不留神，咱们班赢了怎么办？"老师也半开玩笑地说："那这个星期天就不给你们布置作业了！""Yeah！"我们有些盲目地欢呼起来——尽管写八字的笔还没找着。紧接着，我们的队员高呼着"为了一个充满蓝天白云的周末冲啊！"的口号，投入了战斗。上半场，尽管我们已超水平发挥，但仍落后几分，对手毕竟是"巨人国"公民嘛。所以，下半场我们要背水一战了。我们挑选了著名的"女高音"作为啦啦队"主唱"，队员们也使出了最漂亮动作，以至于我们几度误以为自己置身于大洋彼岸的NBA篮球场。终于，功夫不负有心人，离比赛结束还有一分钟时，我们领先了一分，但球还在一群"强盗"手中经历着磨难。我们的80只眼睛盯住裁判的秒表，"三、二、一"，球打在了篮筐上。

我想，老师也一定体会到"言多必失"的真谛了。

放学了，很晚。

女生们打扫完教室，天已是一片漆黑。不巧，楼道里的灯也坏了。这时别说是五指，就是手脚一起伸出去，二十指也别想看见。于是，女生们只好"肩并着肩，手牵着手"在"子夜"中摸索前进。突然，黎明提前到达。原来是班长打起了手电。女生们激动地喊着："班长，你可真是'及时雨'宋公明呀……"一向谦虚的班长此时也不禁笑道："区区小事，兄台何足挂齿。其实……"不料，话还没说完，班长便来了个危险系数5.0的"后滚翻"。原来，由于过度激动，班长不知已到了楼梯口的尽头，一不小心竟摔了下去。

唉，这就是喜欢献殷勤的结果呀！

点评

得分点：作者笔调轻松幽默，往事点滴信手拈来，自然成趣，让人不禁沉浸在那段"幸福时光"里。

失分点：①文章要表现什么，中心是什么，不明确。②最重要的一点：文中几乎没写到自己的生活感受和体验，"我"在哪里？

提升点：确立好中心，写好每部分的结尾句，处处点题，让抒情议论的句子帮助点明主旨。

课堂总结

通过读评以上两篇文章，总结本次作文所忌：①选材出现"跑题"；②立意模糊；③无"我"在其中。

佳作展示：

初三路上，风景别样

飘动的黑发，清澈的眼神，花一般绚烂的笑容，鹿一般轻快的脚步，走在初三的路上，我心中是说不出的愉悦。

初三路上，因为有了班主任老师，我的生活中多了一份温暖与感动。

她和蔼可亲的笑容，真诚关切的话语，学习上的督促，生活上的帮助，让我不知不觉中消除了心底里对初三的恐惧。课堂上，老师是博学的良师；

课后，老师是真诚的益友；宿舍里，老师又成了嘘寒问暖的慈母。有了老师的陪伴，这一路我信心百倍。

初三路上，因为有了一群活泼可爱的同学，我头顶的天空变得更蓝、更亮。

是缘分，让我们这些有着同样追求、同样梦想的少男、少女走到了一起。看着一张张灿烂如花的笑靥，我不禁在心里偷偷对自己说："生活真好，因为有了你们！"课堂上，我们可能会为一个问题争得面红耳赤，随着清脆的下课铃声，我们又开始嬉笑打闹。在学校里，我们思念着远离我们的父母和温暖的家，可回家以后，我们又在彼此思念，思念那些还没有讨论出结果的问题，思念生病时那一句句关切的问候和失意时那一双双鼓励的眼神。有了同学的陪伴，我的初三生活不会淡而无味。

初三路上，因为有了志同道合的知己，平淡的日子变得诗意而美丽。

校园的丁香花悄然开放，知了在浓密的枝叶间宣泄着夏的热情，窗外的麻雀在电线杆上着嘴，相同的志趣和爱好让我们亲密无间。我们喜欢在灯火阑珊的夜晚，在米黄色的路灯下唱着只有我们这个年龄才懂的歌；我们喜欢在每一次模拟考试的结尾，在雪白的草纸上写一大串《隐形的翅膀》；我们喜欢每夜在舍友入睡后，偷偷钻到一个被窝里，开着手电啃噬一本彼此都钟爱的小说；我们喜欢在微风拂过脸颊的一刹那，一遍一遍地小声重复着我们不变的梦想……有了朋友的陪伴，我这一路将不再孤单。

跨步走在初三路上，风景别样美好……

文章从老师、同学、知己三个方面进行叙述，用一气呵成的排比段，为我们展示了初三生活的"别样风景"。优美的语言，灵活多样的长短句，巧妙使用的诗词、歌词，都为文章的语言平添了一抹亮色，让我们真实感受到了作者的初三生活是多彩而烂漫。

名篇引路：

我的中学时代

季羡林

我从小学到初中，不是一名勤奋用功的学生，考试从来没有得过甲等第一名，都是在甲等第三四名或乙等第一二名之间。我也没有独占鳌头的欲望。

到了正谊中学后，这里更给我提供了最佳游乐的场所。校址在大明湖南岸，校内清溪流贯，绿杨垂荫。校后就是"四面荷花三面柳，一城山色半城湖"的"湖"，正是我戏乐的天堂。我家住南城，中午不回家吃饭，家里穷，每天只给铜元数枚作午餐费。我以一个铜板买一块锅饼，一个铜板买一碗炸丸子或豆腐脑，站在担旁，仓促食之，然后飞奔到校后湖滨去钓虾，钓青蛙。我沉湎于这种游戏，其乐融融。

但是，叔父对我的要求却是很严格的。正谊中学有一位教高年级国文的教员，对古文很有造诣。他在课余办了一个讲习班，专讲《左传》《战国策》《史记》一类的古籍，叔父要我也报了名。每天正课完毕以后，再上一两个小时的课，学习上面说的那些古代典籍。有多少收获，也说不清楚了。

当时，济南有一位颇有名气的冯鹏展先生，英文水平很高，白天在几个中学里教英文，晚上在自己创办的尚实英文学社授课。我在这里学习了大概两三年，相信收获是有的。

就这样，虽然我在学习上并不勤奋，然而，为环境所迫，反正是够忙的。每天从正谊回到家中，匆匆吃过晚饭，又赶回城里学英文。当时只有十三四岁，精力旺盛到超过需要。在一天奔波之余，每天晚9点下课后，还不赶紧回家，而是在灯火通明的十里长街上，看看商店的橱窗，慢腾腾地走回家。虽然囊中无钱，但看了琳琅满目的商品，也能过一过"眼瘾"，饱一饱眼福。

叔父显然认为，这样对我的学习压力还不够大，必须再加点码。他亲自为我选了一些篇古文，讲宋明理学的居多，亲手用毛笔正楷抄成一本书，名之曰《课侄选文》，有空闲时，亲口给我讲授，他坐，我站，一站就是一两个小时。要说我真感兴趣，那是谎话。这些文章对我来说，远远比不上叔父称之为"闲书"的那一批《彭公案》《济公传》等有趣。我往往躲在被窝里用手电筒来偷看这些书。

（摘自《文化名人忆学生时代》，有删改）

赏析

作者选取生活中最有代表性的材料，围绕"玩"与"学"，向我们真实地展示了他的中学时代——充满情趣的"钓虾"游戏传递出中学生活的"乐"，课上、课下的勤奋用功表现了中学生活的"苦"。爱玩可能是每一个孩子的天性吧，季羡林先生回忆起自己的中学时代，竟然也说自己"不是一个勤奋用功的学生"。但从文中可以看出，他在叔父的严格要求下，每天的正课完毕之后，还利用业余时间学习国学与英文。正是有了中学时代的广泛涉猎，才成就了季羡林厚重的人生。

哦，中学时代

冯骥才

人近中年，常常懊悔青少年时由于贪玩或不明事理，滥用许多珍贵的时光。想想我的中学时代，我可算是个名副其实的"玩将"呢！下棋、画画、打球、说相声、钓鱼、掏鸟窝等，玩的花样可多哩！

我还喜欢文学。我那时记忆力极好，虽不能"过目成诵"，但一首诗念两遍就能吭吭巴巴背下来。也许如此才不肯一字一句细嚼慢咽，所记住的诗歌常常不准确。我还写诗，自己插图，这种事有时上课时做。一心不能二用，便听不进老师在讲台上说些什么了。

我的语文老师姓刘，他的古文底子颇好，要求学生分外严格，而严格的老师往往都是不留情面的。他那双富有捕捉力的目光，能发觉任何一名学生不守纪律的行动。瞧！这一次他发现我了。不等我解释就没收了我的诗集。晚间他把我叫过去，将诗集往桌上一拍，并不指责我上课写诗，而是说："你自己看看里边有多少错？这都是不该错的地方，上课时我全都讲过了！"他的神色十分严厉，好像很生气。我不敢再说什么，拿了诗集走去。

后来，我带着那本诗集，也就是那些对文学浓浓的兴趣和经不住推敲的知识离开学校，走进社会。

社会给了我更多的知识。但我总觉得，我必须经常使用青少年时学到的知识，由此而感到知识贫薄、残缺、有限。有时，在严厉的编辑挑出的许许多多错别字、病句或误用的标点符号时，只好窘笑。一次，我写了篇文章，引了一首古诗，我自以为记性颇好，没有核对原诗，结果收到一封读者客气而又认真的来信，指出错处。我知道，不是自己的记性差了，而是当初记得不认真。这时我生出一种懊悔的心情，恨不得重新回到中学时代，回到不留情面的刘老师身边，在那时光充裕，头脑敏捷的年岁里，纠正记忆中所有的错误，填满知识的空白处。把那些由于贪玩而荒废掉的时光，都变成刻苦努力学习的时光。哦，中学时代，多好的时代！

当然，这是一种梦想。谁也不能回到过去。只有抓住自己的现在，才是最现实的。而且我还深深地认识到，青年时以为自己光阴无限，很少有时间的紧迫感。如果你正当年少，趁着时光正在煌煌而亲热地围绕着你，你就要牢牢抓住它。那么，你就有可能把这时光变成希望的一切，你如果这样做了，你长大不仅会做出一番成就，而且会成为一个真正懂得生命价值的人！

赏析

中学时代是一个人求知求学的关键时代，千万不要荒废蹉跎。看看作家冯骥才怎样来回忆他的中学时代，听听作家怎样以过来人的身份给青少年忠告："如果你正当年少，趁着时光正在煌煌而亲热地围绕着你，你就要牢牢抓住它。那么，你就有可能把这时光变成希望的一切，你如果这样做了，长大不仅会做出一番成就，而且会成为一个真正懂得生命价值的人！"

成长篇

有人说，生活就是一次次的相遇，一场场的离别。其实在成长的路上，总有些东西一直陪伴着你，支撑着你，给你启迪，给你鼓励：也许是一句贴心的话语，一个理解的眼神；也许是一束温暖的阳光，一棵无名的小草……它们一直都在我们的内心深处。倾听自己内心的声音，寻找内心的感触，享受内心的平静，用我手写我心。

青春读写

读读

心中有首歌

踏着轻盈的脚步，伴着夕阳的余晖，清风悄悄拂过我的脸庞，伸出手来珍藏那份美好……

——题记

冬天的寒风无情地刮着，微弱的月光照射进小小的房间里，轻柔地抚摸您的脸庞，欣慰地俯视着您。月亮的照映下，您的身影总是忙碌的。每一天都是这样辛苦地工作着：在太阳还未升起，在月亮还很明亮的时刻，您就从暖暖的被窝里起来了，忍受着冬风的折磨，忍受着刺骨的严寒。手插进了水里，冬天的水可冻着冰呢！您用充满温度的手温暖了那块冰，真是个奇迹。

每当我睁开眼，第一个听到的便是楼下您欢快的笑声，久久回荡。可我那时不想起来啊，总是有一种惰性，不愿起来，不想起来，懒得起来。这样睡着，听着你们的笑声，感到如此亲切。直到您叫我好几声我才起来，然后，梳头、穿衣服、洗脸，每一个动作都要做好几分钟。而您总是不厌其烦地叫我："快点，快点！"我才会有一种动力，"快点，快点"，您的声音有一种魔力。

一天，我做了一个奇怪的梦："全世界只剩下一个孤独的我，旁边的人与我擦肩而过，没有人过问我；我想找他们谈话，他们也不理我。当我看见你们时，心中燃起了希望之火，感觉你们的脸庞如此亲切。"我醒来后，脑子里不断地播放这个画面，它唤醒了我沉睡的大脑。

有些想法是那么美好，却总是难以办到。是的，我曾经告诫过自己："一定要乖乖的，父母多么辛苦啊！为他们做点力所能及的事吧！"可是，美好的事情总是不能延续，我觉得我坚持不了，也许是我内心深处最真实的懒吧。长大了，您不再打我、训斥我了，总是时时刻刻地教育我，从您口中说出的话真的好亲切，沉浸在您的声音中，我会忘乎所以。您总是教导我，而我也总是在听着，久而久之，我已习惯了这种声音，似乎没有听到您的训斥倒显得不自在了。

当我看到您皱着眉头时，内心深处会涌现出疼痛，我会责怪自己做错事了，然后我就努力地傻笑，讨您开心。

也许真的长大了，我开始体贴您了，我开始关心您的辛苦了，我开始寻觅那份只属于我的欢乐了。我想我是可以的，因为我心中有一首歌，属于您的歌，在我内心深处不断更新、不断深沉。大概是受歌的影响吧，我更懂得了生活。这首永远充满欢乐的歌……

点评

父母与子女之间的关心是相互的，我们要在享受父母无私付出的时候，心怀感恩，关心父母的艰辛，享受属于家人之间的欢乐之歌，那些点滴将成为最美的音符。

心中有首歌

岁月如歌，它时而委婉、清新，时而豪放、激越，荡在我的心河，漾起阵阵涟漪。

我的家乡是个风景如画的小村庄，我每天伴着淡蓝色的袅袅炊烟醒来，处处人声笑语，鸡鸣犬吠；孩子们在空地上追逐嬉戏，家家户户磨镰擦锄，一片欢乐腾跃的景象；夜晚，小村庄又枕着浓浓的月色安详地睡去。我在这里长到十岁。

每当看到花园里红艳艳的一片或者路旁绿枝连成一体的槐树时，我就想起小村庄的那泥墙小院，那些唱着儿歌的玩伴，那个点缀着红花绿草的小学校。噢，我金色的童年哟！

我和伙伴们很爱在夕阳如火的时候去河边小树林里捉迷藏、找幼蝉，风悠悠、云淡淡，心也随着轻轻飞扬起来；很爱在郁郁葱葱、姹紫嫣红的果园里，追逐那白的、黄的蝴蝶；很爱在细雨纷纷之时，戴一顶竹笠走在田埂上，让心在风景线上飘起细细柔柔的小雨；很爱在奶奶家院落大门的搁物层上藏下做游戏用的圆圆的石子儿、砖子儿、泥子儿和方方正正的木板儿；很爱面对一方纯蓝或若蓝若紫的天空，无忌地躺在高高的柴草堆上……故乡啊，你是我心中永远的乐园！

蓝天、白云、接天的莲叶、映日的荷花……每一处都如我的爷爷、伯伯们那样淳朴自然。曹家的地排车还能用吗？那可是"集体财产"——这家用它拉过肥，那家用它运过柴，伯伯还用它推着我和上缴的种子粮去过镇上的农机站。大妈擀薄饼的绝活赢得奶奶们的夸奖，傍晚一支起鏊子准会有三四个婶子大娘来"带"饼。每每这时，我、妞妞和伟伟就吃了我家的萝卜饼，又尝她家的茴香饼，还没吃上婶婶的韭菜鸡蛋饼，小肚子就盛不下了。故乡啊，你是我成长的摇篮！

好久没有回家了，前几天，二爷爷来电话说家里的楼盖起来了，就在村里修的宽宽的柏油路的北面，下雨天回家，泥巴不会溅到头顶了。

我好想回去。那故乡的天还蓝吗？那故乡的云还柔吗？那故乡的夕阳还红艳如火吗？我还会吃到路南郭奶奶做的粽子吗……

我仿佛又看见了小村缕缕飘荡的炊烟，听到奶奶吆喝我回家的乡音——这是我心中的歌，一唱起来就会令人心醉的歌！

点评

漂泊在外的人们，内心总是有一片最宁静的天空，那就是故乡。那里的山山水水，一草一木，家乡的人，家乡的事，家乡的美食，童年的轶事……那纯真的时光，回忆起来，成为内心醉心的歌。

心中那座山

有一个人，他用那双坚实有力的手臂将呱呱坠地的我抱起；有一个人，他用那宽阔的肩膀为我撑起一个温暖的家；有一个人，他那伟岸的身躯能让我安心地去依靠……那个人就是父亲。从小到大，我从未对父亲表达过爱，父亲也一样。因为父亲是个不善言谈的人，所以他也从不把对我的爱挂在嘴边。尽管如此，透过他的眼神、言语和动作，我都能感受到他那份深埋在心底却从未表达过的爱。

"野蛮"爸爸

我眼中的父亲，是一个既对我百般疼爱，又对我非常严厉的父亲。

我生性胆小，连甲虫都怕三分。"野蛮"爸爸为了让我胆子大一些，就用夹子夹住蜈蚣的头，让我去摸蜈蚣的身体，说不摸就把它丢到我的衣服里。没办法，我只好硬着头皮去摸一下。当我刚刚触到蜈蚣的时候，它突然动了一下，吓得我猛地跳了起来，使劲地甩手。爸爸看了我一眼，皱了皱眉头。我的心猛地一沉，唉，只好再向"虎山行"了，这次总算摸到了，谢天谢地！

正是这样的"野蛮"爸爸，让我在未来的路上，勇往直前。

"特异"爸爸

爸爸的眼睛特别敏锐，无论我做什么小动作，他都看得清清楚楚。

有一次，我在记英语单词，却怎么也记不住，总是记住这个就忘掉那个。于是我想投机取巧，就把单词抄写在一张小卡片上，大体看了一遍，然后将那张小卡片粘在了桌面上，心想等会儿爸爸考我的时候，低头就能看到，还不会被发现。可是这一番情景却让爸爸看得清清楚楚，爸爸严肃地说："你刚才干什么了？"我一看瞒不过爸爸，只好把刚才的事一五一十地告诉了他。哎呀，爸爸的眼睛好敏锐啊！

正是这样的"特异"爸爸，让我在未来的路上，堂堂正正做人，踏踏实实做事。

"傻瓜"爸爸

说爸爸傻，是因为他不会买菜。每次爸爸上街买菜时，妈妈总会对我说："你等着吧！肯定又是老三样——鱼、豆腐、黄瓜。"妈妈果然是伟大的预言家，爸爸买回的菜又是这些。其实，鱼是我最爱吃的菜，只要桌上两天没鱼，我就会直嘀咕："爸爸，没有鱼怎么吃得下饭呀？"话音刚落，爸爸就会哈哈大笑："你看！才两天没吃鱼，我家的'小馋猫'就叫起来啦。"因此，无论刮风、下雨还是下雪，爸爸都会到集贸市场上去给我买鱼吃。难道这是傻吗？唉，每位爱孩子的父亲都是这样傻吧！

正是这样的"傻瓜"爸爸。让我理解了父爱。

父爱无言。爸爸对我的爱让我感动，虽然爸爸是个不善言辞的人，但他做的一点一滴无不饱含着对我的爱。父爱，永远是那么伟大，却需要人发掘！那无法用言语表达的爱，虽然表面波澜不惊，却在内心最深处激扬澎湃，唯有用心聆听，才能感受到那种深沉的父爱。父爱就是我心中的那座山。

点评

父亲的爱总是深沉的，也许有时候我们没有直接感知，但是细细回想生活中的一些瞬间，就会发现父亲的形象是多样的，小作者用那些细节构成更加立体化的父亲形象。

心中那首歌

时间的目光一刻不停地注视着爱的身后和前方，明晰着爱的是足迹，追随着爱的是人们，记录着爱的是故事。

——题记

几多落花擦过额际？几多枯叶缀上衣襟？几多流水带走熟悉的人群？几多雁阵驱走脸上的笑靥？时间在变，父亲始终如一的爱不变。父亲，你是我内心深处那首歌，隽永而不过时。

像其他孩子一样，年满三岁的我被送到了幼稚园。我像只不体面的小狗惴惴不安地坐在位子上，周围人来人往，却没有我可以挤进去的间隙。

终于等到了放学，我第一个冲出教室扑向爸爸的怀抱。"爸爸，我不要来这里，这里的每一个人我都不认识。"爸爸紧蹙双眉，"乖，习惯了就好了。未来的路那么长，哪里有你都认识的人呢？""可是我怕，我都没有朋友，没有人愿意和我玩。"我无辜地嘟起了小嘴抱怨道。"这才第一天，日子久了就会认识别人了。你要有礼貌，学会主动去和他们交朋友。""嗯，我知道了。"记忆中的那天，爸爸慈爱地摸了摸我的头，"一切还早呢，都会变好的！"爸爸的身形那样魁梧高大，他笑呵呵的用短短的胡茬蹭了蹭我的额头，夕阳照在他身上，那样温馨。我永远也忘不了那天，那个教我学会人生道理的场景。我的爸爸，英俊又高大。

小学时，因为家住得远，我不得不来回乘公交车上学。一天下午，因为帮老师准备东西，错过了晚班车。寒风夹着雪花肆虐整个车站，我无助地站在站牌下。"小朋友，你爸爸妈妈呢？叔叔送你回家吧。"一个尖小瓜子脸的男人眯着眼，眼神里一闪而过的狠厉与精光让我为之一颤。正当我不知做何回答时，爸爸出现了。"不用了，兄弟，我这就带孩子回家！快，谢谢叔叔。"我躲在爸爸身后，抓紧了爸爸的大衣。许是感到了我的战栗，爸爸不好意思地说："大兄弟，这孩子认生。外面这么冷，快去办你的要紧事吧。""爸爸，他是坏人！""孩子，他是坏人，你就要机智、巧妙地回拒；如果他不是坏人，你就要有礼貌。你要相信，世界上好人比坏人多，你要对生活充满信心！"

犹记得那天，爸爸眼神复杂地看着男人仓皇离去的背影，我耳边回响着一句话："要始终用一颗赤诚的心对待生活。"爸爸背着我回家，因为不好意思，我没有说爸爸你太累了，放我下来吧！由此爸爸日渐佝偻的身影又担负了一份重压。那天，我意识到：我的爸爸，已经不再年轻了。

现在，我在看书，目光掠过书页瞄到了爸爸正在修剪盆栽。他的两鬓在不经意间已经斑白，他的脊背也更加弯曲。想起昨天晚上，我挽着爸爸的手回家，他问我："不知道我老了以后，女儿还会不会这样挽着我？"如烟熏目一般，泪水顿时溢满我的眼眶。会的，我的爸爸，你不再年轻了，歇一歇吧！

爸爸，是你在我身旁，轻轻地告诉我人生哲理。你就像春日里的一滴甘露，总能在悲怆的岁月里鲜活我的记忆；你就像夏日里的一片绿荫，总能在炎炎烈日中撑起我迷茫的天空；你就像秋日里的一缕阳光，总能在萧瑟的风雨中温暖我失落的心。

爸爸，你是我内心深处那首歌。风儿静静地吹，吹走满身的尘埃，却吹不走你的隽永，你是我永不过时的、最珍爱的那首歌！

点评

父亲隽永而深沉的爱，虽是波澜不惊的，但又是鲜活而温暖的。作者抓住生活中的细节，采用多种描写方式，让人物形象更加丰满，事件更加生动。

给生活加点糖

朝花夕拾，记忆像坛刚开封的醇酒，香气四溢中，我不禁想起了那个身影。

午后三点，太阳慷慨地向大地泼洒着光和热，整个城市一片白光泛滥，我从兴趣班出来，匆匆地朝公交站走去。

远远地看见一个穿着校服的男生，在前方来回踱步，一边走一边用脚踢着什么。我猜他大概是在等人，无聊了就踢路上的石子打发时间。没等我走到那里，他就已经离开了，身边并没有他"等待"的朋友。走到男生刚刚徘徊的地方，我无意间瞥到了路旁的碎玻璃——它们被人有心地清理出路的中央，聚拢在一块儿。我恍然大悟，刚才那位"等人"的男生，其实并不是在等待他的朋友，他只是如所有走过这条路的人一样经过了一地的碎玻璃。但与别人不同的是他停了下来，小心地将碎玻璃清理到了路边。他或许是不想让他人误伤吧。

这个小小的善意举动，就像一颗糖投进了我平淡如水的生活中，那一丝真切的甜味，勾起了许多我记忆中那些被忽略的温暖——

大风刮倒了一大片单车，一位路过的大叔停下来将它们小心扶起；公交车上我没有零钱买票，素不相识的小姐姐递给我两个硬币；图书馆里，我够不到上层的资料，正当我无助的时候，有一只手将书取下递到我面前；卖水果的阿姨翻了车，争先恐后捡水果的路人却将手中的水果还给了阿姨……一幕一幕，可能只是微小的善意，却都如一颗颗糖果，调剂了生活的滋味。

给生活加点糖，用心去发现身边人的善意和美好，我才知道，那些温暖光明的人和事在生活中熠熠生辉。黑暗的反面总是光明，正是有那些如糖果般美好的善意，我的生活才如此明媚。

于细微之处，发现生活中的美好，仿佛平淡的生活中加了糖，一切都美好起来了……

(点)(评)

生活中不乏细微的美好，这些小美好让平淡的生活像是加了糖，明媚而又充满善意。拥有于细微处发现美的眼睛，让内心充满善意和感恩，生活也会更加美好。

那边的世界灯火阑珊

"众里寻她千百度，蓦然回首，那人却在灯火阑珊处。"原来，一直有那么一个人默默地站在我的背后，陪我走过那段阴郁的日子。那一刻，才发现，爱竟从未改变！我的世界瞬间春暖花开。

——题记

母亲，一直以来，我和您总是透着无尽的疏离，似有一层薄薄的纱把我们阻隔在了两个不同的世界里，我们有着无法逾越的心灵的代沟……

印象中的您，总是那么沉默寡言，默默地辛勤劳作，平凡得近乎卑微。和您处在一起的时候，空气是压抑沉闷的，我和您总是无话可谈，十分的尴尬。有一次，您为了打破这沉寂的气氛，愣愣地傻笑："囡囡回来了，我做饭去。"接着我听到一阵锅碗瓢勺敲打碰撞发出的声音。

时间似乎让我慢慢看清了您，在平凡的外表下，还藏着一个不一样的您。记得那是一段忧郁的日子……

风儿总是呼呼作响。夜晚，我跌跌撞撞地走在回家的路上，像是掉进了黑暗的冰窖里，全身冰冷，我被人生的挫折打败了，伤得体无完肤。

到家时，您看见我苍白的面容，愣了愣，啥都没说，转身进了厨房，随后我听见了您长长的叹息声……

狼狈的我躲进卧室痛哭。是的，怯懦的我被考试打败了！正在我哭得歇斯底里时，听见了一阵咚咚的敲门声，紧接着您端着一杯温牛奶走了进来，牛奶杯轻轻地放在了桌上，您准备默默地离开。绝望地我仿佛看到了希望的曙光，是您的爱把我紧紧包围！这时我才发现您一直都在背后默默关心我，支持我。可是我整日活在厚厚的作业本筑起的迷雾围城中，迷失了自我，忽略了您，竟不知您一直用无言又无私的爱陪伴着我。我喊了一声："妈！"您顿住了脚步，我跑上前去深深地抱住了您，好久好久，无法放开……

母亲，我知道人生之路必经风雨，我一定会微笑着走下去！因为有您的陪伴，我的旅途不会孤单。

那一夜真的很美，华灯初上，慢慢地，我走进了您的世界，那里面的世界灯火阑珊……

后记

不管你曾经是否注意过它，它总在原地等待，那样的爱何等伟大！当你疲倦不堪、垂头丧气之时，回过头来望一望，才发现原来它一直都在，爱竟从未改变。微微一笑，道一声："哦，原来你也在这里。真好！"

点评

母爱就如作者所写：不管你曾经是否注意过它，它总在原地等待，那样的爱何等伟大！当你疲倦不堪、垂头丧气之时，回过头来望一望，才发现原来它一直都在，爱竟从未改变。微微一笑，道一声："哦，原来你也在这里。真好！"

心中有首歌

我的心里一直回荡着一首歌，那是自然界里最美丽的四季之歌。

春天，最美丽的是萌芽。看着冷寂了一冬的树枝突然鼓出好奇的嫩绿色的"小眼睛"，脚下的黄土与残叶中渐渐冒出柔美微黄的小绿芽，我知道，那是大自然奏响了一首生命的生机与活力之歌；在绿意萌动之后，天也蓝了，鸟儿也醒了，这就是一年一度的春光乍泄之歌。

夏日，是大自然谱写的奔放韵律，可在我心头缭绕的是那夏夜的余音，我常常在夏日的夜晚细细品味那份淡淡的醉意。"明月别枝惊鹊，清风半夜鸣蝉"，仰望天幕繁星闪闪，流萤点点；朦胧的月光，昏暗的灯光下，或是领略金庸的豪放，或是品读席慕蓉的温婉；置身于花开花落的清香中，心头总掠过一丝丝惬意和甜蜜。

秋天，我最钟情于蓝天。无论是天高云淡，望断南飞雁之中的清远辽阔，或是碧云天、黄叶地之中的辽阔自由，还是花开花落，云卷云舒之中的浪漫洒脱，都是大自然吟唱的舒缓韵律，令人心旷神怡。这是蓝天与一个金黄季节产生的美好，我的心中也正蔓延着一个金黄色的梦想。

冬天，我最喜欢清晨的美丽，那是大自然奏鸣的婉转悠扬的旋律。6点多出门，晓风残月，星光数点，冰凉的微风抚着面颊，空气中带着朝阳的余光。若是脚下踏着一些残雪，踩下去的吱吱声与枯叶微摆的沙沙声，立即成为冬日婉转悠扬旋律中的几声鼓点，使冬日的清晨显得宁静而悠然。

我总是心急，等不到自然中上一季曲调的终结，便盼着下一季旋律的到来。我深爱着每一个季节，深爱着每一个大自然与心灵共同谱写的杰作。因为，他们的到来，凝聚了上一个季节太多的期望与等待。我总是还来不及细细品味一个季节的到来，又要匆匆迎来新的乐章！

点评

四季轮回，周而复始，看似年年岁岁花相似，其实岁岁年年人不同。每个季节都有着让我们欢喜的时刻，享受自然的伟大杰作，奏响生命的辉煌乐章。

写写

牛刀小试：

在成长的过程中，你也许会觉得某些珍贵的东西正远离你，比如，童真、友情，甚至幸福……你也许会觉得某些你所渴望的东西还是离你那么远，比如，快乐、成功，甚至自由……俗话说，"远在天边近在眼前。"细细思量，你会发现，原来美好的事物一直伴随你的生活。请以"内心那些美好存在"为话题，写一篇文章。

要求：①自拟题目，作文内容与话题要有密切的联系。②自选文体。③自定立意。④不少于600字。

写作链接：

记叙文怎样写才能写得具体充实？

1. 概括内容具体化

具体形象 = 步步追问 + 想象延伸 + 局部细写。

例如：我看见一个小姑娘，年龄不大，长得很瘦，穿得也很差。

步步追问：小到什么程度？怎么个瘦法？穿得怎么个差法？加上想象延伸和局部细写。

增加后的描写为：我看见一个小姑娘，只有八九岁光景，脸蛋清瘦而苍白，嘴唇冻得发紫，头发很短，穿了一身很旧的衣裤，脚上穿着一双草鞋。

2. 自然景物人格化

如老舍的《济南的冬天》、张抗抗的《地下森林断想》的写作方法。

3. 观察角度多样化

调动多种感觉器官，描写远近高低观察点的变化，虚写与实写相结合。可参考朱自清的《春》、苏轼的《记承天寺夜游》。

4. 描写方法多样化

描写人物行动时，不仅要写出他在做什么，更要写出他在怎样做，特别是他"怎样做"中容易被人忽略的细枝末节，看似无关紧要的"小动作"，更加突显人物的个性特征——思想的、品格的、性格的、心理的以及习惯的等，这就是"于细微处见精神"。如朱自清的《背影》。

心理的直接描写：心理剖析、内心独白（如朱自清的《背影》、安徒生的《皇帝的新装》）、情绪直感、梦境幻觉（如鲁迅的《藤野先生》结尾）。

间接心理描写：表情（《故乡》中鲁迅先生写中年闰土的神态）、动作（如《范进中举》）、语言（在《我的叔叔于勒》中，作者通过语言来对比刻画"母亲"的心理）、景物（如《社戏》《我的叔叔于勒》中的环境衬托）。

5. 共性特征个性化

把笔墨集中在表现人物个性的事件上，才能写出有个性的人。从写作角度讲，要学会描写、渲染，尤其是学会抓住心结，这是凸显人物个性有效的方法。

"信心"专题

"一个人，从充满自信的那刻起，上帝就伸出无形的手帮助他。"自信正是一种美妙的生活态度。当我们一事无成时，我们会怀疑自己的能力，被自卑感所打倒，于是我们觉得生活痛苦、暗淡无光；我们建立了自信，思想上也变得乐观、豁达，从而我们的生活也随之变得美好了。所以我们要有自信心，它会激发我们的生命力量，这种力量如同火，可以焚烧困难，照亮智慧。人不能失去自信，否则生活的重担就无法挑起，前进的路上就会寸步难行，心中的希望就会暗淡无光。

读读

做最棒的自己

我颓唐地走在路上。

天阴沉沉的。如今是秋末，一丝萧瑟的秋风将几片枯黄的落叶吹旋。风有几丝凉意，将我原本冷漠的心变得更为冰冷……

是因为我的努力不够吗？是因为我的工夫下得不深吗？为何五次投稿，都石沉大海，一去不复返？我的脚步更加沉重了。回想起这两个月，我努力学作，拼命请教，只为能在某次投稿中"金榜题名"，但等来的却是连续五次的失望。我开始怀疑自己，怀疑自己是否真的有写作能力？

我蹒跚地向公园中的石椅走去。一阵风，让我整了整衣领，缩了缩脖子，双手怀抱胸前，暖和些许，继续思考、反省！

初中以来，对写作深感兴趣的我从不因为任何原因而对写作丧失兴趣。我喜欢写作，喜欢在作文中表达自己的感情、赞扬伟人的事迹、批判愚昧的作风。在写作时，我会感到前所未有的畅快。我希望有人给我肯定，所以我将自己觉得很优秀的文章投给报社，我以为会金榜题名，我以为自己的文章会得到好评。但是，勿提评论，投了五次稿，从未被刊登。这是为什么？难道真的是我没有这方面的天分？难道我该放弃？

"宝宝乖，慢慢来，走到妈妈这边来！"一个慈祥温柔的声音传入我耳朵，打断了我的思绪。

我抬起低垂着的头。一个一脸稚气的小孩子摇摇晃晃地站着，他的母亲也站在离他不远的地方，张着双手，带着微笑，温柔地重复着那句话。

那个小孩子缓缓地踏出第一步，摇摇晃晃地，因站不稳，很快就摔倒了，母亲赶紧跑过去扶起他，那个小孩子竟没有哭，很快又站起来。母亲缓缓地退后，重复着刚才的动作，重复着刚才的话语。这一次小孩子很坚决地走到了母亲的怀里。每当他走一步，母亲就鼓一下掌，直到孩子来到她怀里，母亲激动地哭了，紧紧拥住孩子。

这前后不到三分钟的一幕，使我的心灵震撼了很久。一个人学走路之时，摔倒是难免的，但重点是要学会站起来。每摔倒一下，就证明你前进了一步，只要不回头，不退缩，继续向前，总有一日会走到终点，不是吗？人生亦是如此，坎坷是避免不了的，但每遇到一次困难，就证明你迈进了一步。如此坚持不懈，不管多苦多累，成功总有一刻会达到，尽管我们可能已经遍体鳞伤，但成功的滋味，往往会将其覆盖！

我站了起来，挺了挺身，大方地向前迈出脚步。不管怎样，我能行，我是最棒的！

青春读写

这是一篇叙事作文。文章主要记叙了作者"做最棒的自己"的过程。全文内容丰富，结构安排合理。能抓住细节进行描写，并加入了一些自己的感悟："尽管我们可能已经遍体鳞伤，但成功的滋味，往往会将其覆盖"。

让信心把细木变成钢桥

信心，是神奇的魔术师，能将那唯一通向成功彼岸的细木变成钢桥。

——题记

彼岸与此岸有着无法跨越的鸿沟，岸边的老人望着彼岸的灯火阑珊，不禁感叹："终究还是没敢走上去啊。"十年过去了，老人已逝，他一生唯一的愿望就是走过那根细木，一览彼岸的风光。老人在孩童时就想着，长大后还想着，中年了仍旧没有放弃这个想法，但却始终没有勇气踏上那根细木。老了，他时常坐在岸边，想着到达彼岸的自己。他想了一辈子，最终还是让无情的岁月把他年轻的想法一点一点侵蚀掉了。

老人带着自己的愿望离去，神看见愁眉苦脸的老人问道："在人间还有什么遗憾吗？"老人沮丧地点点头，神安慰地说："我给你一次机会。"老人兴奋地点了点头，指着那汹涌的河流上架着的细木说："我这辈子唯一的愿望就是通过那根细木到达彼岸，一览彼岸的风光。"神对老人说道："我给你的时间不会太多……"说完便消失在老人的面前。一转眼间，老人回到的他梦想的地方，老人想起了神对他说的话，"我给你的时间不会太多。"老人坚定地踏上细木，一步一步地走，他发现，并没有想象的那样可怕……

随着信心的坚定，老人发现，这明明就是一座坚固的钢桥，并没有他想象中的那样可怕，当老人走到他梦想的彼岸时，神又出现了，说："你终于得到了你一生中没有得到的信心，人，你做到了，现在，你也该和我回去了。"

其实，我们也和这位老人一样，每天都在如同细木一样的人生十字路口徘徊，总是犹豫不决，但有些路口，错过了就真的错过了，它们永远不会像电梯一样再回来。我们要珍惜眼前的机会，用信心去塑造自己，因为，每个人的人生只有一根细木，或许，它也可以是钢桥。

彼岸，灯火阑珊。

点评

犹豫，犹豫，还是犹豫，没有信心，我们流逝的将是一生。一根细木，直至生命完结，老人才敢踏上它，走上去了才发现那是一座钢桥，才最终能在终点享受彼岸花开。许多时候我们不能徘徊不定，只有自己走过才知道那条路究竟是荆棘丛生，还是曲径通幽。因此捡起自己的信心吧，前方百花盛开！

做最棒的自己

当我第一次站上朗诵比赛的舞台时，当我第一次写了一幅书法作品时，当我第一次站上升旗台时……这些"第一次"，至今还存在我的脑海里。

记得我第一次写书法作品时，我紧张地看着雪白的宣纸，如临大敌，原本想好的笔画、间架结构都在脑子里乱作一团——这是不自信在作怪；老师扶着我的肩，和蔼地说："别怕，第一次写不好没关系，只要你态度认真，就没问题。"我点点头，把结构、运笔等在脑子里回顾一遍，然后下笔。

我拿起毛笔，蘸了蘸墨，在墨碟边缘舔笔，接着就开始我的"第一次写软笔作品"经历。第一个字：家。"嗯，此字乃上下结构，宝盖头不宜过大，下面的弯钩应斜中取正……"我一边在"头脑仓库"里仔细地搜寻着关键点，一边匀速行笔，把握好字与字之间的距离；很快，一副对联"家居好山好水地，人在不夷不惠间"就写好了；我又在左边端端正正地写下了落款。我长出一口气，放下毛笔，对老师说："老师，我写好了！"这几个字里包含着多少快乐、兴奋呀！老师走过来，细细观察了一会儿，对我竖起了大拇指："不错，刚开始学写毛笔字就能写到这么好！孺子可教也！"听了这句话，我惴惴不安的心一下子就平复了，接踵而至的是自信与快乐。

在生活中，我们总是习惯为别人喝彩、羡慕别人的优秀，而对自己的优点视而不见，没有自信心；殊不知，也许此时的你正在被别人赞美呢！

为自己喝彩，不是自我陶醉，不是故弄玄虚，不是阿Q精神，而是一种超脱、高昂的人生境界。

为自己喝彩，不要在意别人的目光。要记住：你是自我生命中最有意义的欣赏者。

如果说为别人喝彩标志了一种美，那么为自己喝彩则标志了一种贵。

人生中有那么多祥和的美景：姑苏城外古巷中撑起的一把把红油纸伞；

远方古刹中暮鼓晨钟……它们或柔曼隽永，或淡泊宁静，它们是那样的空灵和深邃，而这只是人生路边的探影，人生路是那样坎坷、艰难。

人们从呱呱坠地便开始一路风雨、一路艰辛地走着，风雨总是时刻考验着你：有时它将你五彩缤纷的梦撞碎；有时它将你的惨淡经营当作泡影；有时路途中仅下一行苦雨，刮一缕寒风。但它是公平的，无论对谁，至少它都留下一滴水、一枝叶、一弯素月，给人留下了似曾久远却又实实在在的丝丝倦意，难以触怀却又潮润眼眸的缕缕感念，在水深火热与丽日阳春之间，在万劫不复与矢志不渝之间。

为自己喝彩吧！

静静地梳理梦想，铮铮地鼓起勇气，去完成你的使命、你的光荣、你的答卷。笑对沧桑，看云卷云舒；去留无意，观庭前花开花落。隐逸南山，应是人生玄机与亦得亦失的顿悟；卧薪尝胆，应是用心致力与周心智力的凝聚。为自己喝彩，人生的旅途中终有一盏明灯指引着你走过水深火热、泥泞沼泽，走进繁花似锦、丽日阳春。

人生是寂寞、坎坷、孤零的一段旅程。在百年的行程中是常需对自己的那一声喝彩的，或许它只是一句呐喊、一声号角，但它却如一盏灯、一杆旗、一副拐杖，引领着你向前走，帮你走过一个个的坎儿，经受过一次次的考验。重踏脚下的那方土，走出一条路。

点评

这篇文章从自己的学习经历出发，阐述了"做最棒的自己"在我们人生中的重要意义。信心可以改变人生，可以助人成功。结尾"重踏脚下的那方土，走出一条路"深化主题。

生活需要三棱镜

午后，温暖而明亮的阳光洒落在这个城市的每个角落，街上的人们在这慵懒的阳光中，或闲庭漫步，或行色匆匆。在一间初中物理实验室里，教师正在为学生们讲述光的神奇。此时的教室里寂静无声，学生们正在静静地等候着即将发生的奇迹。阳光洒在他们的脸上，照在每个人的身上，可谁也没有在意。教师拿出一块晶莹剔透的三棱镜放在试验台前，也正是此刻，一道绚丽的七彩光谱跃然映射在洁白的墙壁上。每个人都很惊讶，并赞叹着眼前的情景。他们第一次意识到，一束普通的日光竟然会因为一块三棱镜而变得如此斑斓……

瞧，那道虹！难道你不觉得它的生命是斑斓的吗？

红色，是炽热的象征。它独具的奔放与活力，代表了人对美好生活的向往与憧憬。

黄色，是阳光的使者。它在发出金灿灿的光芒时，照亮了世间每一处阴暗的角落。

蓝色，是沉默的思考者。它的冷峻与稳重，为生活减少了许多不必要的苦难。

还有绿色。看那橄榄般的绿色，给那些灾难深重的人带来了一线希望，带来了新的生机。

转动三棱镜，便可发现源于生活的色彩。

在柔和的光线下，生活如水般平淡。然而换一个角度，却见激情的红、温馨的黄、沉默的蓝、浓郁的绿，它们仿佛都有着金属的光泽，华美而朦胧。惊鸿一瞥，却看见绝美光景。我有些不明白，普通的它何以如此千变万化？于是我小心翼翼地走到充裕的阳光里，感到由衷的喜悦。原来平淡的生活，依然能够荡漾着幸福！

生活是一道阳光，倘若每个人都有一个三棱镜，阳光下的我们就多了一道多彩的光谱，因为我们有自己不同的角度来接受这道阳光，所以我们的光谱有不同的样子，有些颜色被掩藏，有些颜色很耀眼。每个人都是唯一，但人与人之间又有着一些亘古不变的统一。因此，生活中，不要害怕将三棱镜放错了角度，折射出了一道不美的光谱。因为我们都是多彩的，我们都有自己的七色生活，不是吗？

生活需要三棱镜。就算没有跃动，透过乐观的三棱镜看见的世界，怎么看就有怎样的美好。

给生活一个三棱镜，你将收获满满的快乐与幸福！

点评

写作即生活，将物理与生活经历相结合，换个角度行文，立意新颖。生活是多面的，需要我们变换思维和角度，透过乐观的三棱镜看世界，收获的就是多彩而幸福的美好生活。

开一朵绚丽的自信之花

在人生的道路上，记忆中的那一抹微笑，像美丽的鲜花在对你微笑，令你难忘。它或许点燃了你生命的希望，增强了你的信心，给了你前所未有的能量。

翻开记忆的篇章，那是一个寒冷的冬天，我伸出双手去接天空中飘落的雪花。雪花到了手上就立即消失了。大地银装素裹，远远望去，成了雪的世界。这样的天气，谁不想好好玩一玩呢？我找来了邻居家的小妹和我一起堆雪人。这可是我人生中第一次堆雪人！我们找来了铲子、盆、水、小石子，万事俱备，就开始堆雪人了。北风无情地刮着，冰冷刺骨，我们用铲子把雪球堆在了一起，做个大雪球当雪人的脑袋。可是怎么做呢？雪如此松散，怎么也团不到一起。于是，我们沾了水，一点儿一点儿地滚，一会儿手就冻僵了，但这却没能打消我们丝毫的积极性。做着做着，滚成一半的雪球碎了，我的信心也跟着碎了。可小妹却微笑地对我说："姐姐不要着急，我们一定会做好的。"看着小妹灿烂的微笑，我顿时又信心倍增。心想，我一定能做好雪球的。

微笑的力量是那么的大，让我从失望到希望。小妹年纪虽小，面对困难却很从容，而我却失去了耐心，真是惭愧啊！微笑可以让信心大增，任何时候，我们都要用微笑来面对困难，永不放弃。

一个微笑，一个眼神，都能鼓舞人心，给人力量，因为微笑代表信任，给人前进的动力。不要吝啬，或许你一个不经意的微笑，就能改变别人的命运。人与人之间，"情"是心灵的沟通，善意的笑容也是一种沟通方式。小妹的那一抹微笑，让我有继续堆雪球的信心，也让我明白无论遇到什么样的困难，都要学会微笑，学会勇敢向前。

微笑地面对别人，面对自己，面对人生。

目光深处

透过那黝黑而深邃的瞳孔，我看见了她对我的鼓励与安慰。是那目光，教育了懵懂的我；是那目光，拯救了迷茫的我；是那目光，激励了沮丧的我。对，就是那目光，是我永远的记忆。（开篇点题。运用排比的修辞，增强文章语言的气势。）

枪声如同咆哮的野兽一般，在蔚蓝的苍穹间叫嚣着，划出一道尖锐的痕迹，惊走了正在枝头小憩的鸟儿，也惊醒了还在神游的我。（运用了比喻和拟人的修辞手法。使文章语言生动形象，富有张力。）我迈开双脚，朝着远方的四百米终点线飞奔。不出意外的话，前三名的奖牌应该有一块会被我收入囊中。我暗自思忖，轻松地替换着双脚，旁边正奋力奔跑的对手纷纷被我甩在身后。

眼看着还有半圈的路程。

谁知我脚底一歪，眼前的世界便瞬间旋转了90°，完了，我连忙紧闭双眼，脸部的痛感随即传来，事实上是我的脸像衣服在搓衣板上狠狠地搓了一下，与跑道来了一次亲密接触。（比喻贴近生活，新奇生动。）当时还好，不过当我缓了一会儿、再次睁开眼睛、颤巍巍地坐起来时，我感到我的左脸火辣辣的疼，貌似还肿起来了。

我的世界变得是那么的模糊，五颜六色的色块在我的眼前飞舞，像是在嘲笑一个失败的弱者。渐渐的，眼前的事物清晰起来。不管怎么说，这并没有影响到我的视力：只见看台上很多人都惊讶地站了起来，对我指指点点，有些人露出嘲讽、甚至是讥笑的面孔，不知是不是幻觉，我隐隐约约听到了大笑声，好像就是在说："嘿，瞧那个笨女孩，她居然摔倒了，看看别人都

青春读写

冲过终点了，她肯定是要退出了！"是啊，再跑也是没有意义的，即使到了终点也只能得到一个垫底的成绩，太丢脸了。（运用了细腻生动的心理描写。）

就在这时，我看到了那个目光。（中间呼应文题。）

不知为什么，那平静而又深邃的目光之下隐藏的东西，我看的一清二楚，那是对我的担忧。那急不可耐的神情似乎是想一下子飞奔到我身边，最重要的是，她好像预料到了我会向她看去，于是她迫不及待地向我传达她的思绪：加油啊，不要放弃，我们不会怪罪你，跑起来吧，我们都会为你欢呼！也正是那鼓励融化了我内心的坚冰。

我缓慢地站起来，尝试着活动了一下腿脚。看台重新安静了下来，似乎为我的坚持感到不可思议，也感到佩服。我继续迈动双脚，背负着那个目光的期望冲过终点，在阵阵的鼓掌声中感到如释重负。回头去寻找，她，也就是我的班主任露出了欣慰的目光。（点出目光的出处。）我笑了，笑得是那么开心。

老师的那个目光在我失落的时候激励着我前进，成为我内心永远的记忆。（结尾呼应文题，使文章结构极其严谨。）

写写

牛刀小试：

培根曾经说过："深窥自己的心，而后发觉一切的奇迹在你自己。"信心是人的征服者，它战胜了人，又存在于人的心中。信心是希望的火种，往往在你摸索的黑夜里，照亮你前行的路。

请结合自己的亲身经历，围绕"自信心"这个话题，写一篇不少于600字的文章，体裁不限，立意自定。

写作提示：

运用思维导图，列出写作纲要，抓住作文中的"起、承、转、合"："起"——题目分析，事件开始；"承"——事件发展，气氛烘托，运用多种描写方法；"转"——事件冲突，事件转机；"合"——文章结尾，首尾呼应。

写作顺序上，可以采用顺叙的记叙方式，也可以仿照课文《走一步，再走一步》采用倒叙的方式，使文章更有吸引力。还可以在叙述的过程中，插叙内容，使文章更加充实。

关于信心的名言：

（1）自信者不疑人，人亦信之。自疑者不信人，人亦疑之。

——《史典》

（2）我们对自己抱有的信心，将使别人对我们萌生信心的绿芽。

——拉罗什富科

（3）在真实的生命，每桩伟业都由信心开始，并由信心跨出第一步。

——奥格斯特·冯史勒格

（4）信心是命运的主宰。

——海伦·凯勒

（5）只有满怀自信的人，能在任何地方都怀有自信，沉浸在生活中，并认识自己的意志。

——高尔基

（6）一个人是否有成就只有看他是否具有自尊心和自信心两个条件。

——苏格拉底

（7）古之立大事者，不唯有超世之才，亦必有坚忍不拔之志。

——苏 轼

（8）我们爱我们的民族，这是我们自信心的源泉。

——周恩来

（9）恢弘志士之气，不宜妄自菲薄。

——诸葛亮

（10）要有自信，然后全力以赴——假如具有这种观念，任何事情十之八九都能成功。

——威尔逊

（11）一百个满怀信心和决心的人，要比一万个谨小慎微的、可敬的和可尊重的人强得多。

——辛克莱

（12）有自信心的人，可以化渺小为伟大，化平庸为神奇。

——萧伯纳

（13）自尊不是轻人，自信不是自满，独立不是孤立。

——徐特立

时间在一年一年飞跑，小小少年在长高。随着年岁由小变大，烦恼也增加了……成长意味着什么？成长意味着开始懂事，开始品尝生活的艰辛；开始萌生独立的人格意识，不再附和别人的观点；成长意味着不再无忧无虑，开始承担责任，经受磨炼；也有人说成长就意味着叛逆，不再相信一切，和老师父母有了代沟……总之，成长是一个谈不完的话题，不同的人，对成长有不同的理解。

读读

会飞的蒲公英

童年的我，初夏常常和妈妈一起去家后面的山坡，山坡上有五颜六色的花，碧绿的草和在我身旁翩翩起舞的、美丽的蝴蝶……我快活地拍着小手，蹦蹦跳跳地采摘这些不同颜色、不同种类的花儿。可妈妈总是轻轻地挽着我的手走到山坡的另一侧，那里开满了一朵朵白色的绒球小花。这些花儿很好玩，有圆圆的脑袋、白白的茸毛和细细的身子，风一吹，它头上的茸毛就轻盈地飞舞起来，飞得很高，我得花费很大工夫才能抓到一朵飞在空中的小白花。妈妈说："这是蒲公英，它总是不满足于待在偏僻的角落里，喜欢到外面的世界去闯荡。看，那飘在空中的小白花是在寻找它们未来的家。"妈妈的话在我幼小的心灵里留下了深深的烙印。

不久，我上小学了，妈妈给我买了一个新书包，书包上镶着几朵白色的蒲公英，上面还写着几个字——会飞的蒲公英。每天，我都背着这个书包上下学，就像一朵快乐的蒲公英在家和学校之间飞来飞去。

一个有风的黄昏，我从学校跑回家，高兴地拉着妈妈去开满蒲公英的山坡上，把老师刚教的儿歌——《蒲公英的种子》唱给妈妈听，我一边唱一边在蒲公英花丛中跑来跑去，一朵朵白色的小花在我的歌声中轻轻地飘上了天空。妈妈的神情很激动，希望的目光随着那一朵朵飞起的小白花飘向远方。

时光飞逝，我上中学了，那个镶有蒲公英的书包旧了、破了。有一天夜里，妈妈把书包放在桌子上，望了好久。后来妈妈又给我买了一件蓝色的绣着朵白色蒲公英的衣服，我穿着它在中学校门和家乡的公路上飞来飞去。

现在我已经上初三了，面临着决定我人生命运的转折点——中考，我有些害怕，也有些着急。我想起了妈妈给我买的那个书包和那件衣服，我眼里满含泪水，我长大了，从前那朵常在妈妈身旁飞舞的蒲公英，不仅会飞，而且还懂得要飞得更高、更远。

我不知道我这朵蒲公英是否能飞出这个镇，飞入理想的学府，但我正在积蓄力量，不管前面的路多么坎坷，风雨多大，我也要去寻找我未来的家。

点评

不变的是追求，改变的是感受。一颗细腻的心体验着长大的滋味。你的"蒲公英"，你的梦想，如果变成了努力和奋斗，终将会飞得更高更远。

文章以"童年—小学—中学"的时间顺序组织全文，思路非常清晰，文笔隽永清丽，特别适合初学者仿写。

隐形的翅膀

莲花南校　杜圣铎

如果说梦想是座高山，我希望自己能拥有一双隐形的翅膀去飞越它，而翅膀的名字就叫作"挑战"。

——题记

春天，是一年中最美好的日子，是充满生机的日子。在这个幸福的日子里，满怀信心的我却被迎头泼了一盆冷水。

初三生活已进入最后的冲刺阶段，一种前所未有的巨大压力扑面而来，我努力抓住一切可依靠的物体才勉强站住了脚跟。我在这种"剑拔弩张"的生活中也不由自主地绷紧了神经，着实在学习方面下了一番功夫。

扪心自问，我可以毫不含蓄地说："我真的真的努力了。"可是，刚结束的科学考试否定了我的一切！我在交卷的时候，发现这张试卷被我答得惨不忍睹。一时间，我的心里涌出一种不可名状的郁闷。自己仿佛是飞在自信云端的鸟儿，被老猎人用枪准确无误地射中，瞬间痛苦地与大地亲密接触。

我放学收拾东西的时候，心神有那么几秒的恍惚，太多的东西涌上大脑，悲、累、气、恼、无奈……我甚至来不及处理这么多信息。

走在街上，华灯初上，霓虹闪烁，沮丧的我简直就是这城市欢快画卷上可恶的污点！哎，我又能怎么样呢？

"我知道，我一直有双隐形的翅膀，带我飞，给我希望……"忽然，一阵清丽的歌声传入我的耳中，是张韶涵的《隐形的翅膀》。我的心被惊醒了。一直以来，我都是倔强而坚强的，像歌中唱的"就算很受伤也不闪泪光"，为什么这一次小小的打击就让我这么颓废了？我对得起自己吗？对得起对梦想立下的承诺吗？我不禁开始自责了。

或许，不应该这样吧？梦想就像一座巍峨的山，本就是艰险崎岖的，一路上磕磕碰碰是避免不了的。难道一次失败就让我不再敢去挑战新高度了吗？这是多么胆小而懦弱的行为啊！

其实，我在挑战梦想的路上才刚刚启程，才试探性地迈出了一小步，一不小心被荆棘刺伤了，疼了便想要退回来，如此就要错过未来路途上美妙的风景与香甜的果实。

一切才刚刚开始，我怎么可以轻易地灰心呢？挑战之路还长，梦想还在远处耐心地等待着我。

整理行装，我又重新踏上挑战梦想的征途。途中，我在慢慢成长，像蛹的蜕变，像仙人的羽化，我的肩上似乎长出了一对隐形的翅膀，它的名字叫作"挑战"。它让我学会在困难面前勇敢地站直身躯，在风雨中依然振翅，让我相信终有一天我会飞向梦想的顶峰。在那儿，天是清澈的湛蓝，云是纯洁的雪白，美丽的格桑花开满大地，开出幸福……

挑战——我隐形的翅膀。

点评

　　成长的道路上总有梦想陪伴，然而追梦的过程却并非一帆风顺，困难、挫折、彷徨、失落……没关系，展开隐形的翅膀，翱翔吧！阳光总在风雨后。

勒着"青藤"成长

　　漫步在幽静的院落里，夏日的清风从耳际徐徐拂过，碧绿的瓜叶也随之轻轻跳跃，隐约露出身下的、肥嫩水灵的黄瓜。突然间，我惊诧于如此肥硕的瓜果，何以悬于如此纤弱的藤蔓之上，还能这样苗壮地成长？走近了，我看到了盘结在瓜身上坚韧的青藤以及瓜身上被青藤勒出的一道道伤痕。在感叹瓜果如此亏待自己的同时，恻隐之心油然而生。我伸手拨开一根根青藤，当最后一根青藤离开瓜身时，我听到瓜坠入土中的一声闷响。我怔住了：原以为青藤是瓜们成长的束缚，却不知那是它们生命的支柱；原以为那是瓜们无知的自虐，却不料那是对自己的善待。

　　我们常常会反感于生活中的种种规矩、原则，以为它们是我们追求自由的桎梏，是扼杀我们创造力的元凶。然而，离开它们，生活真是那么美好吗？恐怕不尽然。我们很容易从放松滑向放纵，最初的欣喜会被岁月渐次累积的茫然所取代。徘徊于人生岔路口，我们希望找回曾经的那些规矩和原则。如果我们不顾那些规矩和原则，随意扭曲自己的人生，那就不是对自己的善待。

　　瓜果尚且知道为了成长就要被青藤勒住的道理，那我们这些自命有超群智慧的人类又该怎么做呢？我想，善待自己不是简单地抛弃原则，而是应适当地坚持原则，寻找一些有助于自身成长的"青藤"。这些"青藤"能让我们在面临种种不良诱惑时，及时悬崖勒马；让我们在风雨飘摇中，坚定自己的理想信念；让我们在茫然无措时，仍然拥有强大的精神支柱……这些"青藤"可以是你的处世原则，可以是你生活中的道德准则，也可以是你不懈追求的理想……

　　当然，被"青藤"勒住，难免会不舒服、不自在，有时甚至会感到伤痛，会给你留下永不磨灭的伤痕。但为了成长，付出这些代价又何妨呢？毕竟善待自己不是追求一时的轻松，而是为了得到永远的快乐。

我走到瓜藤边，从松软的泥土中拾起那依旧水灵却失去生命光泽的黄瓜，不觉间，竟有些为自己的顿悟而欣喜。

善待自己，就让自己勒着"青藤"成长。那一道道被勒出的伤痕绝不是你晦暗的痛苦记录，而是你光辉的青春舞步。

点评

谁说小事无哲思？谁说小事不能文？作者抓住夏天黄瓜勒着青藤成长这一常人不留意的自然现象，慧眼识珠，哲理思考，以小见大：黄瓜勒着青藤才不至于坠落，树木不断被修剪才能参天耸立，那我们人呢？当然也要勒着"青藤"才能健康成长。那"青藤"就是约束，是规矩，是原则……

那一刻，我长大了

无边的暮霭勾勒不出灿烂的阳光，倦归的鸟儿向风展翼，迷惘的我默默地踩着树影回家，暗暗梦想着我的将来。

蓦地，一瓣残花飘落到我的肩上，顺着我的身子滚落车轮下，我被这一点点的苍凉牵动了心弦，竟下车推着前行。不远处有一棵不高的花树，它正竭尽全力地绽放着最后的花朵，有些美丽的粉色小花抵不住萧风的呼唤，"零落成泥碾作尘"。我扶着车子瑟瑟地走向那树，似乎觉得那无名的花树正传递着一些关于生命的讯息，而这正是我所迷惘的。

突然，又是一片花瓣悄悄打落在我的左颊，继而又卧倒在我的脚边。我突然发现这残瓣上清晰地刻着一个"秋"字。曾经热烈奔放、生趣盎然，但在这花期已尽的时刻只能化作生命的碎片。我不禁沉沉哀叹：为何花有凋零时啊！心中莫名地划过一阵激动与难过，好像就在抬手与放手之间传递着什么，使我丢弃了令我又心痛、又畅快的东西。

就在这时，我猛然发现那无名的花树上密密地结着一层青绿色的小果子。我不知那叫什么，有什么作用，可第一眼，我就喜爱上了那青、巧、油亮的小东西。哦，那繁花的盛开与零落正是为了孕育这小小的果实啊！刹那间，我的心明亮起来。真正的精髓只有在你经历了喧哗和寂寞之后才悠悠显现出来。当然，这种喧哗是需要你用勤奋、韧性和执着来完善和度过的，而这种寂寞更需要你耐心和积极来充实。花树用片片花瓣的飘落，换得了满树的累累果实，那我们的生活呢？那些美好的赞誉，执着的求索，以及无数次噙泪的跌倒与爬起，都应成为个人的崇高理想，而不是伤痛地怜惜成功前所付出的代价。因为花儿飘落的声音是美丽的、快乐的，它们为生命的延续留下了更重要的精髓，更多的小生命！

花开固然美丽，花落更具意义，我要把生命的花瓣一片一片洒在通往成功的路上。我不会后悔，不会在努力与结局之间停滞。那一刻，我长大了。因为我明白了花儿飘落的伟大，我也要为生命的延续留下了最美好的东西！

点评

本文语言流畅，构思巧妙，作者以细腻的笔法化花落的"无声"为"有声"。文中的"我"不经意间被残花飘落牵动心弦，继而从花开时的喧哗与凋零时的寂寞、春华秋实中感悟到生活的哲理、生命的意义，给人深刻的启迪。文章可谓情感热烈，意蕴隽永，小作者偶感花落所蕴含的哲理，实为生活的有心人。

那一刻，我长大了

只有经过地狱般的磨炼，才能炼出创造天堂的力量；只有流过血的手指，才能弹奏出时间的绝唱。

——泰戈尔

自从上了初三，我就总是在无法摆脱的"题海"中挣扎，很少有时间投身于我所热衷的"悦读"上。我每天6时起床，22时睡觉，见同学狂侃学习，稍有偏题便是不正经。尽管如此，成绩却每每不见上涨，更是在多次大考中失利。我累极了，也难过极了，开始抱怨人生的不公："为什么耕耘没有收获？为什么努力不见成果？为什么？为什么？为什么……"

思想一旦走进了误区，就难见好转。我在那段时间里就这么怨着、叹着，天天愁眉苦脸的。终于有一天，父母再也忍受不住了，他们不能理解他们可爱的女儿为何变得如此失落、抱怨、叹气不止，于是，他们找出了我的

"悦读"书放在书桌上。

望着久久未翻的小说、诗词，我想：读读也罢，反正学不下去了。

于是我翻开了书，看见把盏临风的苏轼迎面走来。

谪居黄城中，把盏临风，牵黄擎苍叹英雄。昔日汴河风光处，履履难重。成败任西东，此恨无穷。为了豪情谁与同？一蓑烟雨平生任，踏雪飞鸿。

苏轼同我一样满腔豪情，然而爱情曲折、仕途艰辛的他始终坚守着自己的信念。他坦然面对一切得失，被贬杭州，他却自得——青青竹杖，绿绿芒鞋，眼中只有秋水泛清波。

"难道你不怨吗？难道你甘于被贬吗？难道你不想成就大业吗？"我问。

"不，我学会了坦然，'不以物喜，不以己悲'便是。"他笑答。

我若有所思——也许面对这些失败的我也该收获一份坦然？还未想完，就看见黄沙漫天中一位骑驴的歌者向我招手，一看，原是李白。

李白同我一样对于前程充满希冀，然而官道不如意，人们希望他歌颂当政，赞美君王，他却不，他要咏"安能摧眉折腰事权贵"的豪迈！他坦然接受一切得失，行至蜀路，一路高歌"天生我材必有用，千金散尽还复来！"身着碧青纱，头顶飘飘发，眼中一片豁达。

"难道你不怨吗？难道你不想成就大业吗？"我问。

"不，我学会了坦然，酒入豪胸，七分酿成了月光，余下的三分啸成剑气，绣口一吐就半个盛唐！"他笑答。

我终于懂得了，原来他们也是同样的豪迈、激情，只是，他们更勇于面对眼前的失败、伤痛……那么我呢？

别再怨天尤人了！我对自己说，我才十六岁！我也要坦然面对眼前的挫折，我要像他们一样收获坦然的美丽！

我合上书，自信地抬起头。那一刻，我觉得我长大了。

点评

本文语言简洁流畅，体现了作者扎实的语言功底、较深厚的文学修养，小小年龄，难能可贵，明显体现出平时"悦读"之成效。作者充分调动思维，颠倒时空，大胆想象，特意选取了文学史上才华横溢、仕途坎坷的大文人——苏轼、李白进行对话，从他们在逆境中坦然面对生活的事例中深受启迪，进而解开心结，自信地面对眼前的挫折，行文颇有起伏。

成长的滋味

不经意间，我发现了那个在阳台墙角里落满灰尘的娃娃，我抱起她，拍去她一身的尘土。她那双水汪汪的大眼睛依旧美丽，我爱怜地望着她，不觉勾起无限回忆。

阳光下，一个小女孩抱着洋娃娃，细心地为她梳着辫子，阳光映着小女孩天真的笑脸，诉说着一个美丽的故事。不知不觉，小女孩长大了，放下洋娃娃，背起书包，走向了知识的殿堂。知识逐渐褪去了她一脸稚气，但她天真的微笑、纯真的目光依旧。后来经过几年努力，她考上了一所省级重点中学，每天早出晚归，书堆里的她好辛苦，可她并不埋怨什么，因为学习让她觉得生活很充实。老师的鼓励，激励着她更加奋发向上；妈妈的一杯香浓的牛奶咖啡，使她精神倍增；家人的每一句问候，都给了她无限的动力。她觉得自己好幸福，每天脸上都挂着微笑，她总是乐观地面对每一件事。当然，她也有多愁善感的一面，她会为了电视上的感人情节泪流满面。

她和许许多多的女孩一样，喜欢童话，喜欢娃娃，可现在她不得不放弃这些，为美好的未来去奋斗。她曾因为失败哭泣过，也曾为成功欣喜若狂过；她会跟妈妈撒娇，也会当一个大姐姐照顾小妹妹……

她就是我，一个真实的我，一个从小到大从没受过挫折，享受着无限幸福的快乐女孩。这时，传来了一首熟悉的歌："我该长大了，该长大了……"，是的，我长大了，我不再是无忧无虑的小孩儿了。我将手中的娃娃重新放回墙角，望着窗外广阔的天空，更多的思绪涌上心头。

点评

成长就是褪去羞涩和稚气，开始求知并思考；成长就是不再无忧无虑，有了痛苦和忧虑；成长就是不管世事怎么变，天真的微笑、纯真的目光依旧。

写写

牛刀小试：

在我们成长的道路上，有时阳光普照，有时阴云密布；既会有幸福的回忆，美好的向往，也会有小小的烦恼……成长就是一首变奏曲，喜、怒、哀、乐；成长就是各种滋味，酸、甜、苦、辣。

请结合自己的亲身经历，围绕"成长"这个话题，写一篇不少于600字的文章，或记录自己的成长足迹，或抒写自己的成长感悟，或发表自己的成长宣言……体裁不限，立意自定，题目自拟，也可参考《语文花开》第一单元的作文题目。

写作提示：

"从读到写"，先认真阅读这些精选的、跟我们的教材编排基本同步的例文，从中感悟写作方法，寻找和作文之间的共同点切入，再运用到写作实践中，从而实现课内、课外的互补，阅读、写作的融通，这样语文就学活了，学简单了。

内容上，在受到阅读材料的启发后，选择你有过类似体验的典型事例，如你为它哭过、恨过、烦过、喜过的事，再如让你吃一堑、长一智的事情，或突然触发了你深思的事情，等等。请用朴实率真的文字写出来，千万别忘了这一切内容都与"成长"有关，都是"成长"的体验与感悟。

写法上，抒情、议论是必不可少的，但这一定是在叙事的基础上油然而生的，不能凭空抒情。叙事是基础，是画龙，抒情、议论是点睛之笔。

构思上，可以借鉴《从百草园到三味书屋》《伤仲永》，运用对比手法来突出主题；也可学习《爸爸的花儿落了》采用双线结构，采用插叙手法，将回忆穿插其中，使情节错落有致；也可以像《会飞的蒲公英》那样，按时间顺序安排材料，使内容一目了然……

当然，作为一篇习作，你可以模仿借鉴课内外阅读材料中任何一篇你特别喜欢的文章来写作。

成长素材：

一剪梅

李清照

红藕香残玉簟秋。

轻解罗裳，独上兰舟。

云中谁寄锦书来？

雁字回时，月满西楼。

花自飘零水自流。

一种相思，两处闲愁。

此情无计可消除，

才下眉头，又上心头。

小小少年，很少烦恼

小小少年，很少烦恼，

眼望四周阳光照。

小小少年，很少烦恼，

但愿永远这样好！

一年一年时间飞跑，

小小少年转眼高。

随着年岁由小变大，

他的烦恼增加了。

感悟：智慧随着时间而来，烦恼也随时间而来，这是一个人成长的"代价"。

假如你不够快乐

汪国真

假如你不够快乐

也不要把眉头深锁

人生本来短暂

为什么还要栽培苦涩

打开尘封的门窗

让阳光雨露洒遍每个角落

走向生命的原野

让风儿熨平前额

博大可以稀释忧愁

深色能够覆盖浅色

丑奴儿·少年不识愁滋味

辛弃疾

少年不识愁滋味，爱上层楼。

爱上层楼，为赋新词强说愁。

而今识尽愁滋味，欲说还休。

欲说还休，却道天凉好个秋。

感悟：成长之花，在美丽无比的文字中绽放……

感悟篇

"乡情"专题

"床前明月光，疑是地上霜。举头望明月，低头思故乡。"这首《静夜思》几乎是我们每个人接触的第一首诗歌，对故乡的依恋之情就这样在牙牙学语的最初印刻进我们的情感。李白在月光中将绵绵乡愁写进诗歌里，作家琦君将对故土的思念酿进"春酒"里，鲁迅将对家乡的哀愁藏在小说里。在深圳这样一座移民城市，同学们多是来自五湖四海、四面八方的。你对于故乡的记忆是什么？是蜿蜒崎岖的小路，还是青山绿水的美景？是低矮老旧的房屋，还是淳朴热情的乡邻？让我们拿起手中的笔，诉一诉自己的"乡情"。

名作赏读

故乡在远方（有删改）

张抗抗

我总觉得自己是一个流浪者。几十年来，我漂泊不定、浪迹天涯。我走过田野、穿过城市，我到过许多许多地方。

我从哪里来？哪儿是我的故园我的家乡？

我不知道。

19岁那年我离开了杭州城。水光潋滟、山色空蒙的西子湖畔是我的出生地。离杭州100里水路的江南小镇洛舍是我的外婆家。

然而，我只是杭州的一个过客，我的祖籍在广东新会。我长到30岁时，才同我的父母一起回过广东老家。老家有翡翠般的小河、密密的甘蔗林和神秘幽静的榕树岛，夕阳西下时，我看见大翅长胫的白鹳、灰鹳急急盘旋回巢，巨大的榕树林上空遮天蔽日，鸟声盈盈。那就是闻名于世的小鸟天堂。

新会县世为葵乡，小河碧绿的水波上，一串串细长的小船满载清香弥漫的葵叶，沉甸甸贴水而行，悠悠远去……

但老家于我，却已无故园的感觉。没有一个人认识我，我也并不真正认识一个人。我甚至说不出一句地道的完整家乡方言。我和我早年离家的父亲犹如被放逐的弃儿，在陌生的乡音里，茫然寻找辨别着这块土地残留给自己的根性。

梦中常常出现的是江南的荷池莲塘，春天嫩绿的桑树地里透着酸甜的桑葚儿，秋天金黄璀璨的柚子，冬天过年时挂满厅堂的酱肉粽子、鱼干，还有一锅喷香喷香的煮芋艿……

暑假寒假，坐小火轮去洛舍镇外婆家。镇东头有一座大石桥，夏天时，许多光屁股的孩子从桥墩上往河里跳水，那小河连着烟波浩渺的洛舍洋，我曾经在桥下淘米，竹编的淘箩湿淋淋从水里拎起，珍珠般的白米上扑扑蹦跳着一条小鱼儿……

而外婆早已过世。外婆走时就带走了故乡。外婆外公的祖籍也难以考证，我魂牵梦系的江南小镇，又何为我的故乡？

所以对于我从小出生长大的杭州城，便有了一种隐隐的隔膜和猜疑。自然，我喜欢西湖的柔和淡泊，喜欢植物园的绿草地和春天香得醉人的含笑花，喜欢冬天满山的翠竹和苍郁的香樟树……但它们只是我摇篮上的饰带和点缀，我欣赏它们，赞美它们，但它们不属于我。每次我回杭州探望父母，在嘈杂喧闹的街巷里，自己身上那种从遥远的异地带来的"生人味"，总使我觉得同这里的温馨和湿润格格不入……

我究竟来自何方？

更多的时候，我会凝神默想着那遥远的冰雪之地。想起笼罩在雾霭中的幽蓝色的小兴安岭群山。踏着深可没膝的雪地进山去，灌木林里尚未封冻的山泉一路叮咚欢歌，偶有暖泉顺坡溢流，便把低洼地的塔头墩子水晶一般封存，可窥见冰层下碧玉般的青草。山里无风的日子，静谧的柞树林中轻轻慢慢地飘着小清雪，落在头巾上，不化，一会儿就披了一肩亮晶晶的白纱，是雪女王送你的礼物。若闭上眼睛，能听见雪花亲吻着树叶的声音。那是我21岁的生命中，第一次发现原来落雪有声，如桑蚕啜叶，婴童吮乳，声声有情。

那时住帐篷，炉筒一夜夜燃着粗壮的大木棒，隆隆如森林火车、如林场的牵引拖拉机轰响。时时还夹着山脚下传来的咔咔冰崩声……山林里的早晨宁静而妩媚，坡上一抹玫瑰红的林梢，淡紫色的炊烟缠绵缭绕，门前的白雪地上，又印上了夜里悄悄来过的不知名的小动物一条条丝带般的脚印儿，细细辨认，如梅花，如柳梢，亦如一个个问号，清晰又杂乱地蜿蜒于雪原，消失于密林深处……

那些神秘的森林居民给予我无比的亲切感，曾使我觉得自己也是否应该从此留在这里。

小小的脚印沉浮于无边的雪野之上，恰如我们漂泊动荡的青春年华。

我19岁便离开了我的出生地杭州城，走向遥远而寒冷的北大荒。

那时我曾日夜思念我的西湖，我的故园在温暖的南方。

但现在我知道，我已没有了故乡。我们总是在走，一边走一边播撒着全世界都能生长的种子。我们随遇而安、落地生根；既来则安、四海为家。我们像一群新时代的游牧民族，一群永无归宿的流浪移民。也许我走过了太多的地方，我已有了太多的第二故乡。

然而在闷热窒息的夏日里，我仍时时想起北方的原野，那融进了我青春血汗的土地。那里的一切粗犷而质朴。20年的日月就把我这样一个纤弱的江南女子，磨砺得柔韧而坚实起来。以后的日子，我也许还会继续流浪，在这极大又极小的世界上，寻觅着、创造着自己精神的家园。

赏析

在张抗抗的笔下，故乡一个接一个地变化着，而自己却是一个处处无"家"的流浪者，不知道哪儿才是自己的故园家乡，甚至觉得"我已没有了故乡"。至此，读者会不觉发问，他所寻找的"故乡"究竟是指什么？其实仔细阅读文章最后一节，我们不难发现，作者追寻的故乡就是那些"融进了我们青春血汗的土地"。作者笔下的"故乡"不只单纯的指地域，更多的是指"精神的家园"，是一个安放感情的地方。对于现代人而言，"安土重迁"的恋家情结不再能牵绊人们追求幸福的脚步，现实有时也让人们为了理想或是为了生活而或激昂或无奈地"背井离乡"，在这样的时候，怎样找到精神世界的归属才更是更值得思索的问题。

冰灯（节选）

迟子建

冰是寒冷的产物，是柔软的水为了展示自己透明心扉和细腻肌肤的一场壮丽的死亡。水死了，它诞生为冰，覆盖着北方苍茫的原野和河流。

我出生在漠河，那里每年有多半的时间被冰雪笼罩着，零下三四十度的气温是司空见惯的。我外婆家的木刻楞房子就在黑龙江畔，才入九月，风便把树梢经霜后变得五颜六色的树叶给吹得四处飘扬，漫山漫坡落叶堆积，斑斓绮丽。然而这金黄、深红的颜色没有灿烂多久，雪便从天而降，这时节林中、江面都是一片白茫茫的。奔腾喧嚣的黑龙江似乎流得疲惫了，它的身上凝结了厚厚的冰层，只有极深处的水在河床里潜流着。那时候冰上就可以打爬犁，用鞭子抽陀螺玩，当然还可以跑汽车。水在变成冰后异常坚硬，它的负载能力极其惊人。这时节我们还用冰钎凿开冰层捕鱼，将银白的网撒向鱼儿穿梭的底层水域。撞网的鱼总是络绎不绝。

在水源枯竭的漫漫寒冬，人们曾凿冰放到缸里融化，使之成为饮用水。而将冰做成一盏盏灯，不知是谁最先发明的。总之，人在利用冰满足了物质需求之后，理所当然便有了审美的要求。我最初见到的冰灯是在童年记事的时候，当然是过年的时候了。人们用小水桶装满清水，饭后放在屋外的寒风中让它冻成冰，未等它全部冻实，便将其提回屋里，放在火炉上轻轻一烤，冰便不再粘连桶壁，再从正中央凿一小小的圆洞，未成冰的水在桶倾斜时汩汩而出，剩下一具腹中空空、四处冰壁环绕的躯壳，那便是冰灯了。除夕，家家户户门口的左右两侧都摆着冰灯，它们体体面面地坐在木墩上，中央插着蜡烛，漆黑的夜里，它们通身洋溢着无与伦比的宁静和光明，那是每家每户渴望春天的最明亮的眼睛了。

北方的百姓如今过年仍然沿袭着这一古老的习俗，在吃热气腾腾的团圆饺子时，屋外干冷的空气中绽放着睡莲般安详的冰灯，它的美丽和光明曾温暖了我寂寞的童年时光。

离开大兴安岭后，我来到了哈尔滨。一到冬天，这座有典型俄罗斯情调的城市便开始筹备一年一度的冰灯游园会了。人们在冰封的松花江上切割下一块块巨大的冰，然后用吊车弄到岸上，再由卡车运至兆麟公园，接下来便是来自世界各地的冰雕艺术家施展绝技的时候了。他们在园子里竖起了一道道晶莹剔透的冰墙，然后在各个角落雕出了狮子、老虎、雄鹰、孙悟空西天取经、天使、长城、荷花、宫殿等千姿百态、栩栩如生的冰雕作品。冰雕里装饰着五颜六色的彩灯，一到夜晚，那些灯亮起来，那冰因此而变成了嫣红、橘黄、天蓝、浓翠、浅粉和深紫。来自各地的观光游客就纷纷拥向那里。

我也去看了冰灯。公园里人潮涌动，照相机的闪光灯闪烁不休，千姿百态的冰雕作品妖娆地出现在我眼前。我走上一条冰墙筑成的长长走廊，我摘下手套，用温暖的手去抚摸冰墙，寒冷透过肌肤浸润着我的整个身心。我的心竟悚然为之一抖。我抚摸的是松花江的冰，这玲珑剔透的冰是松花江水失去呼喊后沉默的结晶。这是沦陷时那曾经被鲜血浸染的松花江的水吗？这是遭受现代工业文明污染后的松花江水吗？这是那负载过无数苦难岁月之舟的松花江的水吗？它是如此冰冷、凛冽而断肢解体地把晶莹和单纯展现给观众，它那么骄傲地把河床底层淤积的泥沙和碎屑给摈弃了。

从冰灯乐园出来，我的心中矗立的仍然是二十几年前漠北家门口的两盏冰灯：它那寂静单纯的美对我的诱惑和滋养是永恒的。

赏析

作者选取了自己家乡最有代表性的"冰灯"，将冰灯比作"渴望春天的最明亮的眼睛"，表达了人们对美好生活的向往和追求，也借由"冰灯"抒发了"我"对童年的怀念，以及家乡对"我"影响之深远。

乡 情

抬头凝望着那在雾中忽闪忽现的月亮，手中捧着那从家乡带来的茶叶泡出的茶，眼中弥漫着因茶香而散发的水雾，水雾氤氲在我眼前，空中的孤月更显得朦胧、残缺。"露从今夜白，今是故乡明。"故乡，有太多的牵挂。对于游子，故乡是他最能依靠的港湾，我虽非游子，但一直对故乡有一种浓浓的思恋。

一出生，我就踏入了这孕育了无数代人的土地。儿时，我在这土地上摔倒过，但又一次次站了起来，我在这土地上哭过，笑过，在这里，我渐渐地变坚强、成熟。在这土地上，我跟那已逝去的亲人有一段尘封的记忆，他们对我的关心和爱护一次次浮现在我眼前，而我一次次红了眼眶。

故乡的水是那么清澈，可以看见鱼在水中游动、摆尾的惬意神态，也可以看见那水底下凹凸不平的石子。儿时与玩伴一起在河中捕鱼、游泳的情形一次次闪过我的脑海。

在这故土上的人也如那水一般清澈、淳朴。日出而作，日落而息。我脑海中记忆深刻的是那一次：我奶奶在河边洗衣服，因为劳累，突然倒了下去。在那菜园劳作的人看见了，扔下手中的锄头，忙扶起奶奶到房中休息，然后通知了我的叔伯，一下子，村子内外都传遍了，他们放下了手中作为唯一经济来源的农作物赶了过来，屋中很快就涌来了二三十人，他们有的打电话叫120，有的骑着摩托去接镇上的医生，有的给奶奶按摩，他们一直照顾到把我奶奶送上救护车为止；而他们也没有过多的停留，又去为他们的农作物而忙碌了，连一口茶水也没喝，就如自己家里的事一般，过后他们还来询问我奶奶的病情，得知我奶奶瘫痪后，他们流露出了悲伤的神情。那种神情让我铭记在心，在那一刻，我仿佛读懂了故乡人：他们没有心机，不会见到老人摔倒先犹豫是否会给自己惹上麻烦；不会跟一个人有隔阂而记恨于心，不再来往；他们没有过多的承诺，只会在你最需要帮助的时候不留余力地帮助你，而不求任何感谢；他们就如一汪清水一般淳朴、清澈。

手中那一杯飘逸着茶香的茶已喝完，水雾也已经消散，眼中的孤月也渐渐明亮，而我对故乡的思恋也越来越浓。

感悟篇 103

赏析

一盏清幽的香茶引发了我对故乡的思念，思念的不仅仅是故乡的事物，更是与我息息相关的那些始终生活在故乡的人们。学生写作时常会犯的错就是故乡美，美的就是一年四季、山山水水，其实故乡更为动人的是那些淳朴、友善的乡民。

熟悉的地方也有风景

晨风习习，琼枝带露，又是一个大雾天。家乡的雾没有峨眉山的雾那样厚、那样秀，也没有黄山的雾那般奇丽邈远、变幻莫测，但我最欣赏的还是家乡的雾。

我的家乡位于崇山峻岭之中的会稽山麓，这里层峦叠嶂，千岩竞秀，万壑争流，这里的雾也有它独特的魅力。

家乡的雾白得美，白得朴素。像瑞雪一样的白吗？它没有。它白中略灰，白里泛青，比白雪美多了。可不是，浓雾沉睡在青山秀水之间，汲取了山间草木的灵气，不是打扮得更秀美了吗？这样的白雾只有乡村才能拥有，任何丹青高手，也很难调得出来吧？家乡的雾白得自然，白得真诚，我真想抓一把在手中，甚至拥它入怀；想把它点染在画纸上，不时地欣赏它。

家乡的雾浓得深，浓得纯，丝毫没有城市中的雾那般含有油烟味。它很可爱，即使行人相隔几步时，也只能闻声，不能见人。吸入一丝雾气，清清凉凉的。我们背着书包上学堂，浓雾飘上了我的前额，和我亲吻，我没法回避。这个多情的女子啊，你是在渲染你的热情和好客吗？望望四周，雾茫茫的一片，或许有人会因为看不到连绵逶迤的群峰和苍翠茂盛的竹木而感到憋闷，可我不在乎。

浓雾变幻着，一会儿化作了凉风，一会儿变成了小露珠，沾在我的发梢上，沾到我的睫毛上。我轻轻合上眼，清凉的感觉使我心旷神怡，经雾水的洗礼，我似乎明眸含"泪"。

家乡的雾柔得真美！它韧如白云，剪不断、扯不断。它轻轻敷在小草上，草也很爱雾姐姐，尽情地吮吸着甘汁。

太阳渐渐升起，雾渐渐地变淡了。一轮红红的圆日高悬在半空中，高山、峰峦、树木渐渐露出了轮廓，经雾水洗涤的山川、大地，充满着勃勃的生机；那奄奄一息的枯木似乎也滋润了，有了洒脱的生命。

家乡的雾亲切、热情，我爱家乡的雾，它真让人思念。

赏析

用"精美"来形容本文是比较合适的：一是结构精美，文章先写了雾白、雾浓、雾变、雾柔的独特魅力，最后用"真让人思念"作结，显得精干利落；二是语言精美，整齐上口的短句的使用，让本文更适宜朗诵，一遍遍地吟诵着这些文字，感觉自己也成了有灵魂的雾了。

西安的无奈

兔子弃长用短，以它的弱项来代替它擅长的奔跑，不禁令人哑然失笑。可你又何尝不是呢？我的西安！

巍巍的城墙是你千年不变的沧桑容颜；淙淙的护城河是你历经千辛却依然盈盈的眼波；葱葱的骊山是你一如既往的青丝。周朝古拙的铜鼎是你坚硬的骨骼；秦朝耀眼的兵马是你卓尔不群的身姿；唐朝宏大的石经是你闪烁的思想。

是啊！这些都是你的长项，是你屹立于世界的基石，是你赶超历史的滚滚车轮。

而你却忽视了这世人眼中的长处，你拼命地用冰冷的水泥建成一座座拔地而起的高楼；用一块块玻璃反射着刺眼的白光；用一辆辆飞驰而过的汽车扰乱着人们的心。

你想像纽约一样成为国际化大都市；你想像雅典一样用雕塑营造地中海风情的幻想；你还想像巴黎一样用柔柔的艳波聚一份浪漫……

你用别人的东西装点自己，却自己埋没在了复制当中……

看看吧！我的西安，好好看看你如今的模样：满眼充斥着盒子一般的水泥大楼，偶尔冒出的两座古色建筑，似乎更像马戏团的小丑在舞台上取悦观众。

你是西安，十三朝的古都！秦汉的雄风、盛唐的繁华是你的长项，可你却邯郸学步、东施效颦般地丧失了自己的传统和个性。

还记得当年的你吗？丰镐的国风唱得你意气风发；阿房的宫灯照得你熠熠生辉；未央的歌舞漾得你柔波婉转；骊宫的清泉洗得你铅华尽去。

你的长恨歌舞朦胧了世人的双眼；你的太白诗赋涤荡着世人的胸腔；你

的剑挥出无数边关意；你的酒酿出不尽离别情。

威武雄壮属于你，千娇百媚属于你。

即使那半轮明月在你这里也别有千年的醇厚风味。

西安，这才是真正的你，如一杯茶幽香沁脾，如一坛酒醇香永久。

西安，多么希望你能脱掉那不属于你的难看的水泥外衣，换上一件只有你才有的古色古香又历久弥新的宽袍大袖！

这才是真正的你，西安！

赏析

这篇散文以冷峻、客观的眼光批判了西安在现代城市化过程中的迷失——邯郸学步，失去了自己的风格，文化气息在变淡，历史沉淀在消减。这是西安的迷失，也是中国的遗憾。所以作者在最后抒发了自己的愿望，把文章思想提升到更高的层次。

技法指导

同学们笔下的家乡往往都是青山绿水、小路弯弯；回家都是为了过年，吃年饭、放鞭炮。读起来千篇一律，既缺乏特色又没有突出的情感。如何将"故乡"写得生动又特别呢？我们今天要学习的方法就是：以小见大、突出特色、融入情感。

方法一：特色风物引发美好回忆

不同的地方都会有一些本地特色的风俗或事物，比如，高邮的鸭蛋、安塞的腰鼓、云南的歌会、喝春酒、看冰灯，这些都是很有地方特色的事物。我们写故乡的时候其实并不需要面面俱到，只要选择出一个对于你的故乡来说很有代表性的风物作为文章的线索，用它串联起你的童年回忆，这样一来，就能使你的文章主题突出并且条理明晰了。在风物的选择上，可以选择家乡著名的食物或者风俗活动，这样会让文章更加生动有趣。

方法二：景物描写结合人物性格

我国幅员辽阔，各地景致的特点也不同。比如，从气候上看，北方冬天冷，哈尔滨有"冰城"之称，而南方夏天热，重庆有"火炉"之称；从地势上看，有的同学家乡在一望无边的平原、一碧千里的草原上，有的同学的家乡则在连绵起伏的丘陵、高耸陡峭的大山上。

但如果写家乡的景物只停留在一年四季景物的变化上，文章就只能停留在浅层，如何通过景物描写让文章意义深刻呢？

其实不同的自然环境往往也能造就当地人不同的性格特点。多水的江南能温养出温婉柔和的雅士，沟壑纵横的黄土高坡能孕育出坚强不屈的性格；底蕴厚重的历史名城总是重视文化和礼教，贫瘠落后的小村庄也往往有热情淳朴的百姓。

我们要学会挖掘，由景到人，由人到己，从家乡的风景推广到地域性格，再扩展为自己成长过程中的精神文明基调，这样一来，景、人、精神、成长就能很好地结合在一起，文章也会显得较为深刻。

方法三：结合事件表现自身情感

有些同学提起故乡就只能想起逢年过节一家团聚的餐桌。其实，如果我们努力地在记忆深处挖掘，做生活的留心者，你应该能想起那些祖辈呵护教导的话语、乡邻热心帮助的小举动、有些陌生的小伙伴们在短短一天的欢声笑语中建立的友情，这些点滴微小的事件其实都会在我们的内心激起一阵涟漪，把当时那些细微的感动凝聚起来、细致描写，就能慢慢懂得这些就是生活的动人之处。这样有你深入思考和体会的文章才能更加细致感人。

📖 **高效训练**

俗话说："月是故乡明，人是故乡亲。"谁不说咱家乡好呢？请围绕"故乡"这个主题，运用所学方法，从以下两个题目中自选一个，写一篇600字以上的作文，让乡情在我们的笔端细细地流淌。

题目一：《从未走远》

题目二：《故乡的_____》

朝阳出来了，湖水为它梳妆；新月上来了，群星给它做伴；春花开放了，有绿叶扶持；鸟儿鸣唱了，有蟋蟀弹琴……天地万物都在为我们讲述有爱的故事。是的，爱是心底的呼唤，爱是生命的源泉，爱是一道无瑕的光芒，时刻照亮着我们的未来，给予我们不懈的动力，让我们勇往直前。几乎所有写爱的文章，没有不写自己父母的，这或许告诉我们，来自父母的爱是一种最无私也最感人的爱。今天我们的读写就围绕"亲情"这一主题展开，让我们以最美的文字、最诚挚的心向亲人致敬，向亲人献礼！

名作赏读

父亲的驼背（节选）

父亲就这样无言地用嶙峋的驼背将生活的重负扛着，就像一张弓无言地坚韧着，积攒着，为一支支响箭预备着生命的涌动和波澜。我们做儿女的就是这弓上的箭。

有两件事是我永生永世都捡拾不尽的碎金，撒落在时间长河里。第一件事发生在我读小学六年级那年。这一年对我说是一个灾难之年，我的两条腿上长满了大大小小十三个毒疮，淋漓的脓血像山泉一般汩汩地朝外涌着，上学成了一种负担。父亲向来家教甚严，几个脓疮自然是不能辍学的，走不动时父亲就背到学校去。于是，父亲的驼背就成了我的一架马鞍。每天清晨，父亲总会准时地蹲在屋檐边，像一匹温驯的老马迎候着它的主人；掌灯时分，父亲也一定会慷慨地亮出他的驼背站在教室的门前。我在父亲的背上度过了一个秋天，一个冬天，又一个春天。秋天里我没有觉出父亲的背有什么异样。冬天里父亲的背很暖和，我的心口总像有一盆火烘烤着；到了春天，厚重的棉衣褪去了，我突然发现父亲的背驼得更厉害了，简直就像洪水冲击过后留下的一道坎。我附贴在父亲的背上，父亲只能蜗牛般将头艰难地前伸着。这情形使我很自然地联想到一些生命现象。在浩瀚的沙漠里，驼峰为绿洲而高耸着；在肥沃的田野里，牛背为犁铧而坚韧着；那么，在贫穷的小村子里，我的心震撼了，我的一切也就和父亲的驼背紧紧维系在一起了。有一天放学，我用手摩挲着父亲汗涔涔的驼背，对父亲说，这背就可以做我的课桌呢。就这样，我在父亲的驼背上读着历史的烟云，读着未来的梦幻……

赏析

散文《背影》，抓住了人物形象的特征"背影"命题立意，此文抓住了什么？两文有异曲同工之妙，"妙"在什么地方？

母亲的眼睛

周海亮

母亲的祖母六十岁以后陷入黑暗，母亲的母亲五十岁以后双目失明，母亲今年三十五岁，儿子七岁，双目炯炯有神。然而，母亲总为他担惊受怕。

假如顺其自然，母亲知道，她和儿子都会变成盲人。母亲庆幸生在这个时代。几年前她找到一位名医，医生告诉她，他们的眼睛可以通过手术医好，但需要一大笔医药费。那数字令母亲眩晕。

母亲开始疯了般赚钱。每天她在工厂工作八个小时，下了班，回家安顿好儿子，又要做两个小时的钟点工。从雇主家出来已经很晚，母亲拖着极度疲惫的身躯，还要赶去另一个雇主家……

母亲的视力每一天都在下降。世界变得愈来愈模糊。母亲知道自己即将失明。医生说你的眼睛急需治理。她说不，我想让我儿子动手术。医生说你的儿子还有机会。可是你如果不动手术，肯定变成瞎子。

她继续发疯般赚钱。她又接了一份洗衣服的工作。她努力不让雇主知道她的眼睛即将失明。她凭听觉工作，她凭记忆走路。每天晚上她很晚才回家，只要她的儿子没睡，她都会拿出那个存折，让她的儿子念出那上面的数字。她得知儿子的眼睛没有任何问题，她得知存折上面的数字已经非常接近手术费用，她笑了，笑出一滴眼泪。

只需要再领一个月的薪水，她就可以带着儿子去远方的城市动手术。那个月的薪水装在她的口袋里，那笔钱不多，可对她却无比重要。她走在马路上，摸索着向前，那条偏僻的马路车辆稀少。她慢慢往家的方向走，尽管走得很小心，可是身体还是一点一点地接近马路的中央。一辆汽车冲过来了，她听到橡胶轮胎在沥青路面上摩擦出尖锐刺耳的调子。然后，她的身体便飘了起来，在空中的她搐紧口袋……

醒来时她闻到刺鼻的酒精气味。她问："我在医院吗？"护士说："是的。"她问："我很严重吗？"对方说："不太严重，不过你还要做进一步的检查。"她说："不行，我得回家看我的儿子。"她趁护士不在的时候逃出了医院。她回到家，喊来她的儿子，她说："快数数口袋里的钱。"儿子说："2356块。"她说："存折呢？"儿子说："156930块。"她长舒一口气，笑笑。她说："儿子，你愿意跟我去远方做一个手术吗？"儿子问："不做不行吗？"她说："不行……为了你以后还能看见太阳，看见葵花，看见马路和楼房，看见大海和高山，看见你的妈妈，你必须去做。"儿子想了想，耸耸肩膀，愉快地说："好吧。"母亲就笑了。她摸着儿子的脸，在心里对自己说："现在，你可以放心地瞎了。"

（赏析）

本文的叙事线索是什么？读完全文，说说母亲是一个怎样的形象。

奶奶的药粒

周海亮

奶奶住到我家的时候，已经有些神志不清。

通常，奶奶在吃完午饭后都要小睡片刻。醒来，就一个人念叨，午饭呢，怎么还不吃午饭？弄得母亲不得不向这些"不速之客"解释。

奶奶会长时间地盯着床边的一角，然后一边挪动着身子，一边叫着爷爷的名字，你倒是向里坐一坐呀，一半屁股坐着，你累不累？其实那时爷爷已经过世两年，奶奶的话，让每一个人毛骨悚然。

奶奶每天都要服药，她经常说，怎么这些药粒都不一样呢？花那么多冤枉钱干什么呢？奶奶以为世界上的药都是治同一种病的。奶奶吃药需要别人提醒。即使这样，她也是嘴上说好，一会儿就会忘得一干二净。

那几年父亲的生意不好。我病休在家，也是天天吃药，家里日子捉襟见肘。后来，姑姑从南京回来，说什么也要把奶奶接走。家里人拗不过，只好放行。

临走前，奶奶把我叫到身边。她一边笑着，一边从床角摸出了一个黑塑料袋，哆嗦着打开，里面竟装满了大大小小花花绿绿的药粒。

奶奶说，这都是我每天吃药时，故意省下来的。我去你姑姑家了，你留着慢慢吃。别再让你爹买药给你吃了，家里没钱。

奶奶以为，她省下的药，可以治好我的病。奶奶在我家住了3个多月。3个多月的时间里，奶奶为我省下了一百多粒廉价的药。可她并不知道，那些让奶奶的生命得以维系的药粒，对她的孙子来说毫无意义。

奶奶上车时，仍然朝我挤眉弄眼。只有我知道她的意思。

现在奶奶已经辞世。我常常想，假如奶奶不为我省下这一百多粒药，那么，她会不会活到现在？

赏析

一滴水能折射太阳的光辉，一百粒药串起来就是一条彩色的璎珞，串起了爱的伟大与纯真！神志不清的奶奶对于亲人的爱却一点不糊涂。

总是站起来的那个人

孙道荣

一家人围坐在餐桌旁，吃饭。

母亲是最后一个坐上桌的，她总是最后一个才上桌。忙好了饭菜，又将饭菜一碗碗端上桌，连筷子都摆好了，这才高声喊我们："开饭了！"于是，一家人从各自的房间里走出来，围坐在餐桌旁，一边吃着热乎乎的饭菜，一边开始聊一些五花八门的话题。

我们习惯了这样的生活，这样的生活已经持续了几十年，好像与生俱来就是这样的。

话题是聊不完的。儿子在学校里的新鲜事；妻子单位里的同事哪个又结婚了，哪个又离了；妹妹的生意，永远像股市一样波澜壮阔；我的写作进度，还是像老驴拉磨……在所有人中，儿子抛出的话题，常常获得最高的关注。难得发言的是母亲，她端着饭碗，眼睛盯着讲话的人，似乎插不上一句嘴。

忽然有人喊："汤勺呢？"闻声一看，鸡汤盆里，漂浮着缕缕香气，却没有汤勺。母亲赶紧放下饭碗，站起身，喃喃笑着说："你瞧我这个记性，又忘记拿汤勺了。"样子像个犯了错误的孩子。母亲迈着碎步，走进厨房，拿来了汤勺。

大家继续吃饭。儿子突然一拍脑袋，给我们讲了一个班级里发生的笑话。笑话一点也不可笑，但我们大人们还是很配合地笑得前仰后合。

儿子高兴得手舞足蹈，不小心，筷子被碰落到了地上。儿子弯腰捡起筷子，我正准备让他自己去厨房再换一双筷子，母亲已经放下饭碗，站了起来，去厨房又拿了一双干净的筷子递给儿子。儿子接过筷子随口说了声："谢谢奶奶。"母亲笑得眼睛眯成了一条线，"这孩子，跟奶奶客气啥啊！"

大家埋头吃饭，谁搛起一口菜，嘀咕了声："好像有点凉了。"

是啊，外面天寒地冻，这么冷的天，难怪饭菜吃着吃着，就凉掉了。

母亲放下饭碗，站起身，"我去热一下。"说着，端起两盆炒菜，走进了厨房。从厨房里传来"兹拉"声。不一会儿，母亲就端着两盆热气腾腾的菜，回到了餐桌旁。大家都将筷子伸向那两盆热菜，真好吃……

"丁零零！"突然，家里的电话，响起来了。我正准备起身去接，母亲已经站了起来，"你们快趁热吃饭，我去接电话。"

母亲的饭碗，搁在桌上，已经看不到一丝热气。突然意识到，仅仅这一顿饭工夫，母亲就已经放下饭碗，站起来三四次。饭桌上，母亲就像时刻绷紧了弦的士兵一样，随时准备站起身来。

母亲一次次站起来，是想让我们其他人安安心心地吃顿饭啊。

其实在我们每个家庭的饭桌上，都有这样一个人：当厨房里的水烧开了，当菜凉了需要再热一下，当电话铃声响起，当谁需要餐具或调料……他

（她）总是及时站起身来，去帮我们。

这个人，如果不是我们的母亲，就一定是我们的父亲。

赏析

"总是站起来"，随时待命，作者抓住母亲的这一动作特征作为线索，巧妙地连缀了饭桌上发生的几件事，揭示了世界上最伟大而无私的母爱、父爱这个主题。

学习借鉴

守护着泪

初二学生

都说女人是水做的，她们的泪水也如水一般多，可这泪却深深灼痛着我的心。妈妈的泪，就如妈妈的爱，流也流不完。

印象中，母亲总是那么乐观，受再大的委屈也都忍着，咬咬牙、挺一挺，没什么大不了的。可是，这么一位坚强的女性，令我不能忘记的却是她的泪水。

那年夏天，小学毕业的我褪去了青涩，充满着朝气，梦想着能上一所理想的中学。自小，妈妈也总是对我寄予厚望，与普天下的父母一样：望女成凤，是她唯一的心愿。她带我去市外国语中学报了名。或许是我太贪玩，忘记了复习；或许是我记性差，学过的都忘了，导致我在外国语中学的考试不堪入目。那日，妈妈陪我去看分数，找来找去都没有看到我的名字，问来问去也没人说清楚。后来明白了，就如过去的科举考试一样，我"光荣"的名落孙山了。那日，老天爷也为我痛惜，洒下了雨。我望着母亲，她的泪水在眼眶中打转儿。我十分愧疚地说："妈妈，对不起，我没有考上。"妈妈开口了："宝贝，别伤心。这次没考好不能代表以后，妈妈相信咱们家宝贝是最棒的。"说着说着，滴滴泪珠从母亲那黯淡的眼中淌下，那么刺眼。我抱着妈妈，泪水也倾泻出来，心随之更强烈地抽动起来，因为我深知，这一切都是我的错，是我太自满，是我太贪玩……

那刻，我在心中暗自发誓：我要好好学习，不要让母亲再为我流泪。

可是，因为我的缘故，还是再次让母亲流泪了。因为在学校的成绩好，我获得了奖学金。我深深地记着把钱给妈妈时的情形：她在看到钱时呆呆地愣着，眸中闪烁着不可思议的目光。我高兴地告诉她："妈妈，我领到奖学金了，女儿没有让你失望。"接着，我握住她的手，把钱放进妈妈的手里，那双手已没有过去那么细腻了，它是那么的粗糙。妈妈笑了，欣慰地笑了。我端详着妈妈：额头上已添上了条条皱纹，像一个个音符，跳动在妈妈的脸上；皮肤已不如原来那么好了，添上了点点斑；发丝间夹杂了根根的白发，像一条条银线丰富着母亲的发丝。妈妈老了。忽然，我的目光被什么刺了一下，定睛一看，妈妈又在流眼泪，不同的是这是喜悦的眼泪。我为妈妈擦拭着泪，轻声安慰道："妈，你怎么又哭了，这是高兴的事呀。""对！是该高兴，是该高兴哪。"

一块宽得能狂奔的草地，曾经来到过我的生命里；一泻落如长绢的飞瀑，曾经来到过我的生命里；一泓波澜不惊的湖水，曾经来到过我的生命里；一片广阔无垠的星空，曾经来到过我的生命里……妈妈，你知道这是什么？这一切的一切都是你对我的爱。

点评

"因为爱着你的爱，因为梦着你的梦，所以悲伤着你的悲伤，幸福着你的幸福。""母亲的泪"不只是为你欢喜，为你忧，还在行文结构上起什么作用？

妈妈的手

莲花南校　庄燕霞

不记得有多久没牵过妈妈的手了，不知妈妈的手现在是胖是瘦，但在儿时的回忆中，妈妈的手很柔嫩，柔嫩的像婴儿的手。我突然很想牵牵妈妈的手，妈妈有些诧异，但还是把手伸了出来。我的手放在妈妈的手心中，感觉到一阵刺痛，拿起妈妈的手看，原来妈妈的手因为长期劳作已经开裂了，裂痕深深、纵横交错，就像缺水开裂的田地一样。我心中一惊，怎么会这样呢？回忆中妈妈那双娇嫩的手哪里去了？我的脑海中突然闪现出一个又一个的画面：

开开心心地吃过饭后，我和爸爸坐在沙发上打扑克牌，而母亲却在收拾碗筷，静静地拿到厨房，厨房便开始响起水流声与噼里啪啦碗筷碰撞的声音，当时这些声音，我根本就不会去在乎，但是现在这些声音却在我的思绪中放大了千百万倍，才想起，哦！妈妈手上的褶皱是这样来的！

"看吧，你一定又是去玩泥巴了对吧？看把你的衣服弄得这么脏！"母亲似气非气地说。"嗯……"我支吾着说。"好啦！赶快去把衣服换下来吧！我来洗！"母亲苦笑着说。"那顺便帮我把那些袜子、衣服也洗了吧！"爸爸附和着说。接着，妈妈就把衣服抱到了厕所，开始任劳任怨地洗起来，"唰、唰、唰……"看到妈妈手里拿着刷子一来一回，还不时抓起袖子擦汗，我心里一酸，眼泪差点就掉下来了，"我来帮你吧，妈妈。""不用，你快去做作业吧……"

想到这里，我不禁簌簌地流下了眼泪。妈妈看到我在流泪，在一旁着急而心疼地说："我的手太粗糙了，弄痛你了，是不是？"我更想哭了，原来有一种痛叫心痛，这种痛比起身体上的疼痛不知要痛多少倍，痛至入骨。"妈妈，没有，您的手是最勤劳、最漂亮的！我喜欢您的手！"我紧紧地攥住母亲的手……

妈妈的手握着一把结实的伞，为我遮风挡雨；妈妈的手拿着一件厚厚的棉衣，为我抵御严寒；妈妈的手执着一条干爽的毛巾，为我拭去心中的泪水。

点评

这是一篇当堂习作，尽管写得还不是很完善，但抓住线索组织材料，写得情真意切。

妈妈的手

莲花南校　陈琳倩

妈妈的手四季不变。

"手，展开是一朵花，合起来又是什么呢？"

"含苞欲放的花，哈哈……"

妈妈用手揉了揉我的头发。

春天到了，万物复苏，小草从土里探出头来，我也不安分地从被子里钻出来，妈妈正在给我做饭。我隔着门从细缝中偷偷看妈妈，我看见妈妈的手在空中飞舞着，不一会儿，香喷喷的早饭端了出来。

夏天，闷热的天气让人透不过气，家里能开的风扇都开着，但还是无济于事。我最喜欢睡在妈妈的腿上，她的手顺着我的额头摸到头发上，感觉好舒服，像丝绸滑过一般柔软。

秋天，细雨绵绵，我最喜欢跑到外面和雨共舞，但这时妈妈会拉我的手到屋里，告诉我这样是会感冒的，小雨丝可不希望你生病哦！

冬天，我也上小学了，早晨妈妈会亲手帮我穿衣服、穿鞋。穿着这衣服、鞋子，让我一整天都有好心情。走时，妈妈还会呼热我的手，让我温暖一天。

妈妈的手就这样四季不变的为我操劳。

但妈妈的手四季又在变。小时候，我爱牵着妈妈柔软的手逛商场，但长大后，渐渐不再和妈妈上街了，总感觉她唠叨，说话办事不漂亮，总感觉和她在一起很别扭。

直到有一天，妈妈硬要我陪她去商场，最后我答应了，一路上我总和妈妈保持一段距离，妈妈看不惯，就过来拉我的手，被拉时我感觉不太舒服，慢慢地，我发现妈妈的手怎么和粗糙的抹布一样，我找不到往日熟悉的柔软感觉，但静下心来想想，岁月无情，妈妈为我日夜操劳，能不变化吗？我不禁感叹：我又为妈妈做了什么呢？

终于买完东西了！沉沉的物品我实在拿不动，妈妈一把抢过我手上的东西说道："拿不动，就别逞强！"看着妈妈一手牵着我，一手拿着沉甸甸的袋子，硬装轻松地走着，我突然感觉有一股热流在我眼里打转，我强忍着没有让它落下来……

妈妈的手就这样为我四季在变，变得粗糙、僵硬。

妈妈，总有一天我也要牵着你的手，呵护你。

点评

写人叙事抓住线索，以小见大，一双手变又不变很有哲理，前后形成对比。

技法指导

同学们写记叙文（或散文），手里常有精彩动人的材料，就像一颗颗珍珠，但写出的文章却杂乱无章，究其原因，是缺少一条合理清晰的线索来"一线串珠"。只有打造一条贯穿全文的线索，用具体的人、物、事件、感情为线索，把多个散乱、琐碎的材料连缀起来，组成一个整体，才能使文章内容多而不乱，条理清晰，才不容易偏题、跑题。

（一）记叙文安排线索的方法

方法一：以事件为线索

情节通常包括事件的开端、发展、高潮、结局等几部分，有些文章事件本身就是线索。如莫怀戚的《散步》，以"散步"为线索，展示了"我们"一家人的温馨。再如，鲁迅的《社戏》就围绕"看社戏"展开。

方法二：以实物为线索

有些文章往往以一个具体的实物贯穿全文，将各种人或事都集中到它的周围，以此来展开故事情节。如牛汉的《我的第一本书》以"第一本书"为线索，表现生活的艰辛和人间温情。

方法三：以情感变化为线索

有些文章没有中心事件和具体的故事情节，这一类文章就以作者的思想感情为记叙线索。如《紫藤萝瀑布》，以"我"面对一树紫藤萝时的喜悦—回忆往事时的惆怅—最后的振奋为感情线索。

方法四：以时间或空间为线索

如《伟大的悲剧》就是以时间为线索。

方法五：以人物为线索

比如，胡适的《我的母亲》以母亲为线索，记叙了"我"的童年、少年时代，描写了母亲对"我"影响较大的几件事。

（二）"线索"安排的技巧（在文中的位置）

（1）文章标题。

（2）开头、结尾、过渡段、段首等关键处。

（3）文中反复出现的某个词或某个事物。

（4）文中议论抒情的语句。

（5）文中作者的思想感情变化。

另外，线索要首尾呼应，上下贯通，结构严谨。

高效训练

亲爱的同学们，爱是人类一种美好的情感，我们每时每刻都在感受着、享受着。鲁迅先生从一部刻印十分粗拙的《山海经》中感受到了长妈妈真挚的爱。朱自清先生从父亲平常的背影中感受到了父亲深切的爱。我们呢？我们也无时无刻不沐浴在亲情之爱中，妈妈的唠叨，爸爸的严厉，那都是家庭的爱。请围绕这个主题，运用所学方法，写一篇600字以上的记叙文，让亲情在我们的笔端细细地流淌。

"影响" 专题

在人生的航程中，我们每个人都是一艘夜航船，需要水的滑力和依托，更需要两岸不灭的灯火。亲人、朋友、某些事、某段奇妙的经历……他们或远、或近、或强、或弱地影响、照耀着我们，有了它们，我们才能走过漫长阴暗的街道和旷野，走过狭小郁闷的河道，走出一条晶亮的水路，一直走向远方蔚蓝广阔的天际。

藤野先生的正直、负责、求实的精神增长了鲁迅先生与敌斗争的勇气。

胡适从十二岁离家，在茫茫的人海中独自生活，没有人管束，依然性情随和，善于宽恕、体谅他人，是他的妈妈深深地影响着他。

听不到也不能发声的海伦成为十九世纪两个了不起的人物之一，是莎莉文老师再塑了她的生命。

牛汉的第一本书奠定了他成长的基石。

………………

感谢那些人，感谢那些事，感谢它们带给我们成长的快乐和感悟，感谢它们潜移默化的影响。

名作赏读

那个渔村的老人

学龄前的我，住在那个小小的渔村，那里有位老人，从不教我做这做那，却影响了我一生。他是我的爷爷。

爷爷的身材很高大，身体很硬朗。听奶奶说，在我出生之前，爷爷是大烟鬼，大酒鬼，可我出生后，他就全戒了。后来问他，他有些不好意思地说："小孩子嘛，闻不得烟味，狠狠心，全戒了。"爷爷没向我吹嘘过他戒烟、戒酒的伟大过程，但我却在心里暗暗佩服他的毅力。在那之后，每当遇到困难，踩到荆棘，我都会很自然地想到爷爷：简单但重要的一个理由就可以让有几十年烟龄、酒龄的"老头子"成功戒瘾，我有什么事忍不了，坚持不住呢？

退休后的爷爷料理屋前的一小块地，种花种草，忙得不亦乐乎。我最喜欢夏天无花果树结出的果实，恨不得每天坐在树下等，生怕放走一个美味。可是后来，邻家几个男孩偷偷爬上树，摘走了几个。我急得大哭，爷爷却乐呵呵地说："无花果嘛，大家摘，大家吃，你就差那一两个？""当然不差那一两个，可心里就不是滋味，我们家的果子为什么给别人吃？"爷爷缓缓地说："一个村子的人，分什么你我，过得开心，活得快乐，多点少点计较什么呢！"我低头不语……现在回想，没多少文化的那个老人，教给我什么是宽容，什么是宽心。我想，爷爷给我的影响，正是我这十几年来如此快乐的缘由吧。

由于搬家，我和妈妈要去另一个城市。奶奶整天哭，舍不得我，爸爸也不说话，一根根地抽烟。爷爷照例每天去码头钓鱼，和老朋友一起喝喝茶，下几盘棋。我知道，爷爷也是不舍，他只是不愿加重我们的压力。"去了，能更好地读书，能交更多新朋友，孩子这么大了，除了咱们，谁都没接触，出去开开眼界多好！"爷爷这样对奶奶说。

我突然明白爷爷的意思，有种爱叫"成全"。放手，不是不爱，是更深的爱。这个道理在我的心底生根发芽，以后的我从来不去强求任何事，"成全就是完美"，我懂得了放宽心去爱别人，多付出，而不是一味索取。

那个渔村的老人，用他的言行影响了我一生，让我有毅力，变得宽容，懂得成全。谢谢你，爷爷，谢谢你带给我最美的回忆，最深刻的影响。

赏析

本文最值得我们模仿学习的是结构安排，你发现它的特点了吗？

舒展你的羽翼

"南美的一只帝王蝶偶然一次振翼，可能会引起墨西哥湾的一场风暴。"生物学家劳伦斯这样阐释"蝴蝶效应"，思之想之，令人讶然：脆弱如蝶，应是最易被自然界影响的，却能反过来造成如此巨大的影响！

自然能影响蝴蝶，蝴蝶也可影响自然，关键在于你是否曾努力拨动身后的羽翼。在兵荒马乱的战国，就有一只名为庄周的蝶悠然飞过。自尘世污秽的泥淖中翩然掠起，滑过君王为士人准备的刀丛油锅，翩跹于九霄。的确，礼崩乐坏的时代可以影响士人，但灵慧如庄子者，仍能用"清静无为"来熏陶内心，进而渐染、改变环境。道家一脉如清水绵延青史，当我们溯流而上时，总会看到濮水边素蝶飞舞，在污浊的空气中扇动出缕缕清风。

庄子以精神上的无羁影响了黑暗的乱世，南丁格尔手中的提灯则穿透了偏见的迷雾。

当大家闺秀南丁格尔投身于护理行业时，"护士"还是一个备受轻视的词。克里米亚战场上，她每夜都要巡视一遍4公里长的战壕，黑夜中的灯火不仅照亮了伤者心头的希望，更照亮了"护士"这一职业的高尚，洗涤了世俗的愚昧。南丁格尔不过是一只纤柔的蝴蝶，怎能拨动整个社会的走向？可正是在她提灯巡视的一夜又一夜中，在她舒展蝶翼的一张一翕中，风暴悄然酝酿……

或许我们"身无彩凤双飞翼"，却也可以"心有灵犀一点通"。决定不了太阳何时升起的我们可以决定自己几点起床。影响不了大环境，就从影响小环境、影响自我做起。在信仰崩落、拜金盛行的社会坚守内心净土；在肤浅泛滥，娱乐泛滥的现状中珍惜内心的沉稳自持。看到"小悦悦"被撞倒后扶一把而非视而不见，发现"地沟油"端上餐桌后挺身揭发而非置若罔闻……"积土成山，风雨兴焉；积水成渊，蛟龙生焉"，一点一滴的力量汇聚起来，社会即变！当每个人如一盏澄净的明前茶时，社会大茶壶里，怎能不茶香馥郁？

蝴蝶展翼，破茧高飞，翅间的每一缕清风，都会荡涤社会的旧迹，擦亮民族的眼眸，清气朗朗，蝶香远溢。

本文表达了什么主题？运用了什么写作手法？

对我影响最大的一个人

一日同窗便是缘。同窗三载，又一直与我同桌，这是多深的缘呀。

都说光阴似水，在这匆匆的光阴里，有他笑意盎然，也便足够阳光。

他——我的同桌，在这三年中无时无刻不在影响着我，使我拥有如今的自信和笑脸。

相 识

九月，从来都是混杂着初秋的惆怅和夏末的余温。既有眷恋与忐忑不安，又有欢乐与兴奋不已。

一开始，我们只是按班主任的安排坐到一起，没有一拍即合或者热火朝天。我沉浸在与旧友重逢的欣喜中，对他只有拘谨又简单的自我介绍。而他也只是安静地坐着，非常礼貌，低调。

我尚不知道他的"传奇"，只是那一丝不苟的作业让我既惊诧又敬佩。

相 知

他的光芒在随后的日子里一点点绽放。

令我意想不到的是其貌不扬的同桌竟如此的优秀——敏捷的思维，优美的文笔；既能在演讲台前的慷慨激昂，又能在运动会上奋力地拼杀。

我被震撼到了，除了心服口服没有其他想法，但我内心也生出了一点点斗志：他可以，为什么我就不可以？

于是我不再每日无所事事，也学习他在语文课上大声朗读，或者在历史课上奋笔疾书。

除此之外，影响我的还有他的笑。

熟悉之后，我发现他竟然也是个幽默风趣的家伙。他懂得从哪里寻找快乐，也可以自己制造快乐，处得久了，这快乐自然也就感染了我。

原来我也能认真和自信。

相　敬

和我同桌的他一天天变得更加厉害，与他同桌的我也一日日地成长蜕变。我们早已熟悉彼此的一举一动。有时我会觉得自己与他越来越相似了，或许因为我们影响了彼此吧。他说："我觉得你真是最好的同桌。"我回应说："我觉得你也是。"至少，因有他做同桌，我才不至于沉迷其他，荒废学业。

总有些时候，他会让我知道，怎样做正确的事，应该做什么来改变。

他——无疑是在这满是繁花的青春岁月里，对我影响最大的一个人。

赏析

可借鉴用小标题的形式，串联文章内容。

父爱是一种钙片

姜风清

读高中的时候，我在书刊上看到了许多赞美父亲的词句："屋顶的太阳""第一任老师""遮阴的大树""无私的渡船"……可是，我不喜欢父亲。

我的父亲不是高官，不是名人，不是富翁；父亲是站在黑板前写了30余年粉笔字的教书匠。一身洗得发白的制服，一双鹰隼似的眼睛，一张刀子般锋利的嘴巴（至少对我是这样）。在他面前，我少有轻松快乐的时光，少有自由自在的心境，他的严厉与苛刻很多时候让我忍无可忍，他的批评指责造成的痛感直抵骨髓，但又让我无法争辩。

哪个青年人不爱睡个懒觉？父亲却要求我每天五点半钟起床，哪怕放寒暑假也必须守时。我抗议："没事起那么早干什么？"父亲说："没志才没事，有志者，事人、事己、事天下。"

哪个青年人不向往新奇？不追赶时髦？当我在电视机前跟着"超女"大喊大叫的时候，父亲却冷冷地说："狂欢的'超女'运动只能造就粗鄙的灵

感
悟
篇

魂，多看些好书比这有益得多。"

哪个青年人不爱交朋友、呼三吆四，哥们兄弟在一起聚会，过大块吃肉、大碗喝酒的痛快生活？父亲却要板着脸跟我讲交友之道，什么"近朱者赤，近墨者黑，择友也是择人生！"

在我的心目中，父亲严厉得近乎冷酷，横亘在我与他之间的，不是"代沟"，而是冰山。

父亲58岁的那年，竟在一个清晨因脑溢血而匆忙辞世了。追悼词是一个极年轻的校长写的，称父亲待人犹如"一团火"，育人犹如"一盏灯"。追悼会上，我看到那么多白发苍苍的老领导、老同事为父亲默哀鞠躬，那么多学生在父亲的遗像前失声痛哭，那么多亲朋好友叨念着父亲的人品和德行。特别是一位千里迢迢从哈尔滨赶来送行的大学生，竟在灵柩前长跪不起，号啕大哭："老师，你是我再生的父亲啊！"

我近乎麻木的心受到强烈的震撼。凝视着父亲遗像上那双鹰隼般的眼睛，我突然从那逼人的目光背后，看到了无限的怜爱与深情！父亲很少给我赞扬，但他却把那"冰冷"的爱化成我身边和煦的阳光与鲜花：我所在单位的领导，称赞我敬业爱岗，有着良好的生活习惯，每天提前10分钟到岗；我的同事亲近我，夸我刻苦勤奋，业有建树，在"娱乐泛滥"的时代能保持一颗沉静的心；我的亲朋好友夸奖我热情正派，不入俗流，身边的朋友都是一座座高山……

父亲永别了，我才悟到父爱换来这么多无价的珍宝：同事的信赖、上级的肯定。父爱是大海深处的岩浆，父爱是冰山里奔突的火，父爱不是可乐，不是比萨，而是一种特殊的钙片！它含有火的物质，能冶炼人的品格；它含有铁的元素，能坚挺人的灵魂！

父亲啊父亲，我终于读懂你那冰冷外壳内一颗炽热的心！

赏析

本文运用了欲扬先抑的手法，难度在抑和扬的转换，要认真揣摩学习。

在书的影响下

书籍是人类进步的阶梯。

——高尔基

自古以来，书是人们离不开的话题，在中华民族传统的五千年文化的影响下，书与我们似乎已经结下了不解之缘。文人墨客好读书，商人学者亦好读书，他们在书的影响下，有成为一代豪杰的，有成功领取功名的，还有留下传世名篇的……书，真可谓是功不可没。

我爱读书，读书也成了我的一大乐趣，那么书对我的影响是什么呢？

"关关雎鸠，在河之洲，窈窕淑女，君子好逑。"在书的影响下，我接触了有着中华传统文化的《诗经》与《古诗十九首》等，它们让我知道什么叫作文学作品。

"人有悲欢离合，月有阴晴圆缺""长风破浪会有时，直挂云帆济沧海。"在书的影响下，我认识了李白、苏轼、李清照、辛弃疾等文学豪客，他们有婉约、有豪放、有柔情、亦有刚硬，他们让我明白"敢笑骂不足奇，敢哭才是真性情、伟男子。"

"北国风光，千里冰封，万里雪飘。望长城内外，惟余莽莽……"在书的影响下，我见到了这位中国人民心目中的伟人——毛泽东，并了解到红军是在何等艰险而又豪迈中毅然走完二万五千里长征的。这让我感到中国人的意志坚不可摧。也为自己是一个中国人而自豪！

小时候的我在书的影响下总爱沉浸在那美好的童话故事中，总是希望有一天自己也变成白雪公主；而长大了的我，在书的影响下有了鸿鹄之志，梦想自己有朝一日能走上自己理想的舞台施展才华，干一番轰轰烈烈的大事。而在书的影响下，我又明白，要想实现自己的梦想，必须从现在起打好基础，否则一切的一切只是海市蜃楼。古人云："合抱之木，生于毫末；九层之台，起于垒土；千里之行，始于足下。"不是吗？

朋友，在书的影响下，你会是什么样的呢？

书，可以让人增长知识；书，也可以塑造人的性格……本文作者以娴熟的引用，展示了书对自己的影响，从中可以看出作者细腻的心理、好读的精神。读后，令人不由自主地思考：书，对你有影响吗？

你我都是他人的环境

半斋先生

"你我都是他人的环境。"我信然。我们每个人心中都有天使，每个人都有闪光点，只不过自己要能有效、适时地显露、发挥出来，使它很好地影响别人，使人向善、向上。当然，别人的好，也能影响自己，使自己向前、向好。

我曾读过发生在西汉时期的《博士分羊》的故事：有一年，快要过年的时候，皇帝一高兴，就赏给朝中官员们每人一头羊，让他们把羊牵回家，过个肥年。官员们一看，羊有肥有瘦，有大有小，实在太不好分了。正当负责分羊者和大家为如何分羊犯愁时，一个博士站出来说："这有什么可难的，一人牵一只羊回家就是了。"说完，这个博士就挑了一只又瘦又小的羊，欢天喜地地牵着它回家了。官员们一见他这么做，也都不声不响地走到羊群中，随手牵起一只羊向家走去。一会儿，羊就分完了。皇帝听说后，还派人找来那个博士，夸他做得好。

在难事面前，就怕没人带头营造一个良好的环境和氛围，一旦有人挺身而出，带了个好头，再难的事也能办好。如果大家斤斤计较，分羊就成了难题；因为那位博士毫不计较个人得失，率先牵个瘦羊回家，营造了一个良好的分羊环境，所以分羊这个棘手的问题就迎刃而解了。可见，一个人变成他人的环境，是何等的重要。

我从教前，有一年冬天，我被组织派到一个兴修大河的指挥部搞宣传工作。县里有一位年纪不小的副县长在那里坐镇指挥，协调工作。在通往工地的途中，有一条小溪挡在那里。溪不宽，水很浅，但人们经过那里，必须赤脚下水蹚过才行。正在大家观望徘徊时，只见那位副县长快速地脱掉了鞋袜，把裤子挽得高高的，毫不犹豫地下了水。我一见，副县长都有如此举动，我这年轻人怎能袖手岸上？于是，我咬着牙，下到水里，其他人也都纷纷下到水里。大家齐心协力地挪动水泥管，把它摆正，然后，我们又在上面填上一些土，再铺上草席，一条路就这样铺成了。人们可以安然无恙地从这里走过。我们都为做了这件好事，感到分外高兴。

俗话说："火车跑得快，全靠车头带。"因为副县长以身作则，带了个好头，创造了一个良好的工作环境，所以溪水挡路的问题很快就解决了。

一个人的不良行为也会有影响力与传染力。有一天，我走在公路上，在交叉路口处，我看到有三个人骑着摩托车过来了，有两个人停下了，准备在绿灯亮时骑过去，但有一个人见无交警监管，绿灯方向又无车开来，他就开着车闯红灯了，另外两个人见此情况，也跟着闯了红灯。我们每个人都应该反思自己的言行举止，因为你不是孤立的一个人，你的言行举止会影响其他人。

星期天，商场里前来购物的人络绎不绝。在一个货柜前，有一种商品物美价廉，很多人挤在那里要买，秩序很乱，几乎无法进行正常交易。此时，我看见一位老者从人群中挤了出来，大声喊着，倡导大家自觉排队购物，喊着喊着，他带头站在了众人的最后面，人们一看，都自觉地排起了队，货柜前，一下子秩序井然，也没有了喧哗。这位老人倡导并带头排队购物，无疑成了别人的"环境"，成了别人的"参照物"。在公共场合，只要一两个人带头讲公德、讲文明，其他人也就被其影响，也会讲公德与文明。

"人人皆可为尧舜。""好人就在身边，也许是他，也许是自己。"不仅你我是他人的环境，他人也是你我的环境，人与人之间是相互影响、互为样板的，我可以影响你，你也可以影响我。"十步之内，必有芳草"，良好的生存环境是大家共同努力营造的。

赏析

本文用生活化的材料讲述最清楚的道理："你我都是他人的环境""人人皆可为尧舜。"所以要谨言慎行，为他人做出表率。

不管你是优秀还是糟糕，生活中总有些人或事左右了你的成长，这些影响可以让我们学会很多，也可以改变我们的生活。

读了以上文章，你一定会联想到自己成长过程中的一些人和事。请以"影响"为话题写作文。

要求：①题目自拟；②紧扣话题，内容具体，有真情实感；③600字以上，文体不限（诗歌除外）。

技法指导

（一）审题·选材·行文

1. 审题

古人云："与善人居，如入芝兰之室，久而不闻其香，即与之化矣。与不善人居，如入鲍鱼之肆，久而不闻其臭，亦与之化矣。"这就是"近朱者赤，近墨者黑"的道理。可以说环境的好坏，影响一个人品质的好坏、成就的大小。生活在一个好的环境中，影响就是一种鼓励，一种激励，更是一种动力；生活在一个坏的环境中，影响就是消极负面的，人也会跟着变坏。比如，朋友的好吃懒做令你羡慕甚至模仿；有些人自以为是的叛逆违纪，让你近墨者黑，结果误入歧途。在这个多元的时代，人生观、价值观正在形成的你们，该选择什么样的环境，接受什么样的影响，确立什么样的文章主题呢？相信聪明的你一定有了答案。一般确立的文章主题都是要传播正能量，弘扬积极、正面、健康向上的精神的。当然你也可反向立意，从总结经验教训出发，做到"以铜为镜，可以正衣冠；以史为镜，可以知兴衰；以人为镜，可以明得失。"

2. 选材

素材一：古时便有孟母三迁，只为寻一个好的环境，让儿子可以好好学习的故事。

素材二：南朝宋人季雅被贬在南康（今江西赣县）做当地的太守以后，买下了当时辅国将军吕僧珍隔壁的一处宅院。吕僧珍问房价多少，季雅回答："一千一百万钱。"吕僧珍认为太贵了，季雅补充说："我是用一百万买房子，而用一千万买邻居啊！"可见，择邻而居的重要性。

温馨提示：选材时，思路一定要打开，不要只局限在亲朋好友，好人好事方面。可写的东西很多，比如，一个故事、一段经历，甚至生活中一些不起眼的小生命也能影响我们：暴风雨中，一株小草被残酷的吹倒，但风雨过后，它却能顽强地站起来；烈火中，一群蚂蚁在生死关头抱成一团，滚出了火海。再比如，一本书、一首歌、一幅画……也都会影响着我们的生活。

3. 如何行文

思考：

（1）生活中谁或什么影响了你的成长……

（2）一个人给了你什么样的影响？叙述具体的事情，通过事件表现人、事物的思想品格。

（3）你学会了什么？或你有了怎样的变化？这就是影响。

（二）文章结构的组成

1. 开篇点题，照应话题

可用"影响、改变、左右"等字眼点题并引出下文。（忌开头冗长，雾里看花，不明确）

2. 中间部分集中叙事

重点部分详写、细写，学会细节描写，就是放大重要镜头。衔接、过渡部分略写，但必须有，可以夹杂一些必要的心里感悟，就是加入少许议论进行点睛。（段落层次上一段不能太"肿"，一般要分为2、3段）。

3. 最后是结尾部分

升华主题，从故事中自然而然地引出你所受到的影响，这点很重要。

"牵挂"专题

牵挂，是人与人之间一种珍贵的情感。"慈母手中线，游子身上衣"是充满亲情的牵挂；"少小离家老大回，乡音无改鬓毛衰"是溢满乡情的牵挂；"但愿人长久，千里共婵娟"是充满祝福的牵挂；"遥知兄弟登高处，遍插茱萸少一人"是牵挂的缺憾；"愿君多采撷，此物最相思"是牵挂的寄托；"劝君更尽一杯酒，西出阳关无故人"是牵挂的蕴含。牵挂是灵魂絮语，是心灵对话。牵挂别人和被人牵挂都是一种幸福，让我们每一个人都领会牵挂，品味牵挂，学会牵挂，让人生变得丰富多彩，让人世间变得更加绚丽多姿。走进人生，便走进牵挂；拥有牵挂，便拥有感情的寄托。

名作赏读

牵挂江南

穿过千百年的时光间隙，透过千万曲的低吟浅唱，历经岁月轻柔洗礼过的江南，你是否依然如故。

当牵挂化成一根无形的红线，跨越时空的重重障碍，套住两个因为感情而被束缚的灵魂，亘古不灭的思念便在顷刻间泛滥到天涯海角。当美丽的江南撞见了多情的文人，那种缠绵悱恻的赞美与牵挂便深深地嵌进了发黄的历史书页上。

"青箬笠，绿蓑衣，斜风细雨不须归。"事隔多年后的某天，是谁在感慨曾经悠闲地漫步在江南绵绵密密的细雨中？如今，却只能在梦里回顾记忆中残留的美好。也许是错生帝王家的李煜幽禁在深宫，伤心地润饰他的《虞美人》，突然思念起断送的江山，嘶喊出一句"故国不堪回首！"也许是轻拢慢捻着《霓裳》《六玄》的漂泊歌女，坐在画船里伤心地追忆往事，期许能够遇上一位知音，解读她沦落天涯的哀伤，为她谱写一曲《琵琶行》；也许是南渡的易安居士，偶然漂泊过这块唯美的土地，勾起她无限伤逝的情怀，独自一人在"冷冷清清"中"寻寻觅觅"，最后却"愁上心头"，不得抚平。

江南！究竟你有怎样的魔力，挑引起无数人的牵挂？是因为碧于天的春水，红胜火的江花，青瓦粉墙的屋落吗？还是因为你拥有"夜船吹笛雨萧萧"的娴静和"斜晖脉脉水悠悠"的思念？

梅雨时节已去，故事中的海棠也已凋落，时间又被拉回了现在，而江南却依然牵挂着今人的无限向往。未来的未来里，我可否轻捧香茗，独上阁楼，享受古人在此留下的牵挂，留下我一生记忆里特有的空白。

牵挂江南，留住心底的一丝纯净，不为金钱所累，不为名利追逐……

牵挂江南，呵护人性的善良与美，不要灯红酒绿，不要纸醉金迷……

牵挂中的江南，憧憬着的希望。

赏析

这篇写景散文把我们带入了历史中的江南，我们在历史的画卷里吟咏、传诵着千古的诗句。这篇文章如诗如画，如梦如歌，第三段中借用文学典故来抒怀，更体现了浓厚的文化气息。

牵 挂

"丁零零……"急促的门铃声充斥着房间，笑声被这突如其来的声音打断。正玩得兴致勃勃的我心中顿时产生反感，大叫一声："谁啊？"猛地一下把门打开，一张"怒火中烧"的脸出现在我面前。"妈！"我惊讶道。哎呀！我突然想起了些什么，看来后果很严重。

"妈！您听我说。"此时我的表情从打雷下雨一下变成云霄日出，来了一个360°的大转弯，露出讨好表情。"哐！！！"一声巨响，妈妈把门甩上。大家立刻感受到剧烈的震动，这是地震前兆的感觉。我用眼角偷偷地扫了一下老妈的眼睛，"呀！"不是一般的小火苗，熊熊大火几乎要把我点着。咦！怎么大火之外好像包围着晶莹的液体？屋内的灯光经液体折射到我的眼球，那么痛。妈哭过，我歪头看了下窗外，黑色侵袭了大地，一格格整齐的灯光显得如此刺眼。啊！天色已这么晚了。

"你还知道有我这个妈呀！几点了？不回家，也不知道跟我说一声啊？你知不知道呀！我都围着你们学校，你同学家转几遍了？"老妈的话如海水决堤般淹没了我。千言万语的解释早已经吓得跑到爪哇国去了，我心虚地挤出"我错了"三个字。是的，我真的错了。挨过两星期本来要及时回家的我，却在半路遇见了表姐。她也刚放学，我被她手里提的大包零食和衣服"俘虏"了回去。和她高谈阔论、嬉戏打闹忘记了时间，就连中途姥姥提醒我打个电话也给忘了。

正当我不知如何脱身时，姥姥来了，姥姥可真是我的"救命稻草"啊！姥姥过来拉住妈，扶她坐下，可妈屁股刚粘沙发又一个机灵站了起来，"妈，您不知道我找了她多长时间，从下午四点一直到现在。您知道我快要急死了吗！"妈妈内心的愤怒在看到姥姥后终于爆发出来，她的最后一丝倔强被击破，泪水涌了出来。

"我怎么会不知道，你有时很多天不过来，你知道我的感受吗？想给你打电话又怕耽误你工作……"姥姥的一席话也令妈惊讶不已，全场寂然。

被人牵挂着是件幸福的事，但牵挂别人是件痛苦的事。在娱乐和工作繁忙之际，你是否会想起远处正有人为你心急如焚，时时刻刻牵挂着你呢？《常回家看看》这首歌唱出了许多人的心声。让我们把幸福延续，让牵挂、关心自己的人安心，让牵连的心演奏出美好乐章。

赏析

文章以"牵挂"为题，开篇语言简洁，预示着一场冲突将要来临；接着描写老妈生气的形象，为下文埋下伏笔，同时响应上文，交代妈妈生气的原因；进而局势发生变化，文章开始深入；结尾无声胜有声，点出天下父母心，道出父母的心声，暗点牵挂，画龙点睛，深化主题。

牵　挂

牵挂是一颗心对另一颗心的深深惦记，它可以联结亲情，联结友情，联结爱情。牵挂是一份亲情，一缕相思，一种幸福。

晚上寒风凛冽，母亲因为工作不得不出去。

母亲出去之前将粥热了热，并对我说："出去前要先吃热的东西暖暖身子，这样就不会冷了。"她飞快地吃完热粥，戴上旧旧的帽子、手套，推出她的"老搭档"。"老搭档"是辆破旧的三轮车，锈迹斑斑，行驶起来，颤颤巍巍，咯吱咯吱响个不停，可是不知它陪了母亲多少个日日夜夜。

母亲今年43岁，她身体瘦弱，满头银丝，皱纹爬满她的额头。

每每站在繁华的扬州，无数人笑着从我面前走过，那些城市的妇人总是深深的刺痛我的双眼，母亲只有43岁，可是比同龄的城市妇人苍老了10岁。是什么使她如此沧桑？是什么让她舍不得花钱买化妆品打扮自己，舍不得为自己买一件像样的衣服，甚至舍不得花钱治病？只为供我和弟弟读书，只为在我和弟弟向她要钱时，可以立刻用她那布满老茧的手，从破旧的口袋掏出崭新的钞票。

她吃力地将三轮车推出门外后，熟练地骑上三轮车，使三轮车慢慢地向前行驶。我站在门前，呆呆地望着母亲远去的背影，脑子里回想起母亲的那句话："出去前要先吃热的东西暖暖身子，这样就不会冷了。"真的不冷吗？我轻快地将我的那辆漂亮小巧的电动车推了出去，电源一开，速度两个字在这一刻立即体验。骑出不远后，我就看见母亲用力地踏着脚踏板，我没有喊她，而是停掉电源，慢慢地骑着车跟在母亲后面。我裹得如此严实，可寒冷还是从无数个细缝钻进身体，冷冰冰的，手套里面的手有一点点僵硬，这种冷是在我意料范围以外的。母亲她怎么样，喝了热粥，便真的不冷了吗？

母亲就在我前面不远处，我的心牵挂着她。

母亲就在我前面不远处，但我没有勇气上前去喊她。

时间在一点一点地流逝，就这样，我慢慢地跟着母亲。

走了不远，有一段路正在施工，母亲不得不下来推着车子行走，走了几步，母亲遇到一个台阶，她用尽力气把三轮车的车头抬起，车头摆好后，她笨拙而又吃力的将后轮抬起，她的脸涨得通红，脸上有了一丝苦意，这应该是因为她那干燥而又有着许多裂痕的手因用力过度而使裂口张开得更大了，那一定很疼吧！她还不停地喘着气，连续弄了两三下都没有成功，正当我准备上前帮忙的时候，她成功了。这时，我看见她欣慰地笑了。

我没有再跟着母亲，而是骑着车回了家。

我怕母亲的手因为干燥伤口越来越大，越来越疼；怕母亲的膝盖被寒风吹得更冷、更疼；怕母亲的头发被寒风吹的变得更白；我怕……我怕，泪水懦弱的掉下，被她发现。

我的心随母亲而跳动，看到母亲疼痛，我的心也痛着。心痛是因为爱，是因为我牵挂着母亲。

母亲，您可知，女儿深深地牵挂您？

赏析

这篇写人的散文想要表达的是母爱，但是作者并有像一般的文章大肆描写母亲怎样怎样的关心自己，而是抓住母亲的日常工作的一个画面来表现母爱。语言流畅，感情自然真挚。

遥远的牵挂

有一种离别，刻骨铭心；有一种思念，魂牵梦萦。

——题记

不知从什么时候开始，我喜欢上了蓝天。仰望蓝天的我常常想，那个人们心中美丽的天堂应该就在白云的上方吧！虽然看起来遥不可及，我却总觉得它在我眼前，因为我们之间有一座永远不塌的桥，那就是我对外婆的思念。

小时候，受妈妈的影响，我并不相信这个世界上会有灵魂；可是，在长大一些的时候，却被外婆的信仰所感染，另一个虚拟的世界出现在我心中。所以，灵魂的有无对于那时的我异常模糊。

真正希望有灵魂的存在，是外婆离开我之后。

盛开的菊花和我一起陪伴刚刚离去的外婆，看着她略带笑意的遗容，往事一一重现。于是，滚烫的泪珠开始一颗一颗落在外婆的遗像上，黑暗中的空气凝重得可怕，一如外婆身体中已静止的血液，低沉的啜泣回荡在对昔日温馨岁月的回忆里显，得格格不入。

我思绪倦怠，却毫无睡意。夜仿佛被无形的手拨弄了一下，一朵尚未完全开放的菊花颤抖着，扑簌地抖落细长的花瓣，只一瞬间，又归于静止。粉嫩的花瓣散落在镜框边，柔弱中却带着一丝不知源于何处的坚强。我心中拂过一阵暖意。外婆，是您吗？您是否也看到了这似您的菊花？啊，原来性格也可以栽种！我轻轻地抚摸着菊花，希望它能再给我一些明示。四周寂寥，黄菊黯然，只剩我一个人黯然神伤。

我来到外婆的灵柩旁，棺木还未合上。我呆呆地凝视着那个熟悉的脸庞，眼睛一眨也不眨。我害怕会忘记她，这个我最爱的亲人。我想把外婆的面容深深地刻在心中，永不忘记！这张苍白的面孔是外婆吗？我抚摸着她的眼睛，这里又添了好多的纹路，那些记录岁月的纹路伸展开来，像一棵年迈的树，枝枝杈杈，这每一根树杈都足以在这个静夜挑疼我心中最柔软的角落。

如今，剩给我的只有那绵长的牵挂、无尽的思念了。内心的牵挂绘成张张残缺的画面，拼凑着记忆的碎片，如电影版不断上映。可是，我所拥有的、所能拥有的，恐怕也只有这些回忆了。

我的心变成了一间密室，干涩得快要窒息，对外婆沉重的思念，压得我喘不过气来。

我知道，阳光雨露也曾徘徊在我的心房外，只是这里已经贮满了我对外婆的思念，再也装不下别的了。

赏析

这是一篇完整而又精彩的写人文章，文章运用题记形式开头，新颖别致，激发读者的阅读兴趣。作者感情真挚地回忆了自己和外婆最后的分离，字里行间透露着小作者绵长的牵挂、无尽的思念。

牵挂

　　爱是生命的真谛，牵挂是爱的源泉、爱的灵魂，每一份牵挂，都是情感的陶冶与升华。

——题记

　　牵挂像雨，能帮助你洗掉烦躁，留下清凉；牵挂像风，能帮助你扬起风帆，走向成功；牵挂像太阳，能帮助你祛除严寒，感受温暖。父亲那一件件平凡的小事，让我感受到了人间最真挚的爱。原来，我一直在牵挂中成长！

烟味清香

　　自从我进入初三以来，每天早出晚归，没有多少时间与家人聊天。忽然有一天，我发现父亲竟抽烟了，他的身上总有一股烟味，特别是傍晚，整个屋子都弥漫着烟。

　　一天，我回到家中，听到爸爸和叔叔商量着什么事，便透过门缝看去。"咳，女儿就要中考了，这两天看她这么忙，身体会不会吃不消？"爸爸一手用打火机点燃了掐在手上的香烟。叔叔深沉地说："没事的，也就这几天。"这时爸爸深深地吸了一口烟，又轻轻地吐出来。"这孩子，苦也不会说一声，学习、生活上有什么困难，我们也好帮帮她。"话音刚落，我的视线不知被什么模糊了……

　　原来，父亲没日没夜地牵挂着我，抽烟只是它牵挂的宣泄方式。当我再次回味那股烟味时，发现了它有一股淡淡的清香，那是父亲对我的爱，对我的牵挂。

灯光温暖

　　进入了初三，越来越多的学业压得我有些喘不过气来，心情也是时常莫名地烦躁，总是关上自己书房的门，独自挑灯到深夜。父亲总是会在我埋头苦读时轻轻地走进房间，我微微察觉，只抬头看他一眼，便又将自己沉入繁多的数学公式之中，接着我感觉头顶的亮光一闪，诧异地抬起头，看到父亲正细细地调整着落地灯的照明角度，直到灯光驱散作业本上的每一寸阴影，如此，便能令我长时间看着作业本的眼睛少一些疲惫。看着明亮的作业本，心中突然涌起了一丝温暖，我感动地抬头，看见父亲慈祥的微笑……才发觉，父亲对我的牵挂，正如那淡淡的灯光，不需要如阳光般的绚烂耀眼，却总是会在黑夜中带给我无尽的温暖。

笑容守望

又一次父亲送我来校，临走时，我用一个灿烂的微笑与父亲道别。父亲说："你先进去吧，我也走了。"我恋恋不舍地迈着沉重的步伐走向学校。我突然产生了一个念头：回头看一眼父亲。走到拐弯处时，我停下了脚步，回头望去，只见父亲依旧站在校门口，用那充满深情的目光在与我送别，他的脸上还隐隐呈现一丝从未有过的笑容。在他的眼中，我发现了人间最美好的东西——牵挂。

父亲的牵挂、父亲的爱，让我永生难忘。

流光溢彩的鲜花，它们接受了阳光的洗礼、细雨的滋润，付出了婀娜多姿的脸庞来点缀世界。我接受父亲爱的浇灌，在父亲的牵挂中成长！

赏析

本文并没有列举惊天动地的大事来表现"牵挂"这一话题，而是用了三个生活中最平凡的小事，十分真实，具有真情实感。这篇文章使人想起朱自清的散文——《背影》，的确，这两者之间的相同之处有很多，对"父亲"的动作、神态、语言的描写都十分入微，使这一慈爱的父亲的形象仿佛真的出现在眼前。

文章篇幅不长，但使人有很多的联想。比如，"他的身上有一股烟味，特别是傍晚"会使人联想到在傍晚"父亲"抽着烟等着"我"回来；又比如，"在父亲的脸上隐隐呈现一丝从未有过的笑容"使人联想到近年来"父亲"为"我"操心而少有的笑容。这一切作者没有写，但又尽在不言中。

牛刀小试：

什么是牵挂？牵挂是一种思念，牵挂是一种情怀。牵挂犹如高飘的风筝，挣不脱细长的线绳；牵挂犹如瓜豆的藤蔓，紧紧缠绕着篱笆；牵挂是母亲村头的守望；牵挂是游子孤灯下的惆怅。外出的游子牵挂故乡，在外的父母牵挂家中的子女……生活在这个世界上，我们每天都被某些人牵挂着，也牵挂着某些人，请以"牵挂"为题，写一篇文章。除诗歌外，文体不限。题目自拟。不少于600字。

1. 解题

"牵挂"的含义是想念、挂念。人生无处不牵挂，牵挂的对象既可以是人，也可以是事物。面对"牵挂"这一作文题，你可以以自己的认知为圆心，以牵挂为半径画圆，所有在此圆内的素材都可以入题。

可以根据自己的感悟，在取材时做多种选择：如果你关心国家的时政，就可从大处切入，谈及对被分裂日久的祖国神圣领土——台湾回归的深切期盼；如果你对家庭平凡的生活领悟较深，就可从细处落笔，通过日常生活中的一事一物，写出蓄久难忘的父母之恩；如果你敏于师长的眷顾、同窗的关爱，就可以把心头难忘的学校生活绘于笔下；除了关切自己，还可以把目光投入社会，写出视野之内、心灵之中的平头百姓、芸芸众生的悲欢离愁、情感脉动，即书写他人的牵挂；甚至还可以将牵挂的丝线系向古朴的村落、可爱的熊猫及生态日益恶化的自然环境……

当然，要使文章打动读者，还要有细节性的东西，通过细节的描写，把"牵挂"写得具体而细致。如在刻画母亲对外出子女的牵挂时，村口守望的身影，就应该成为细节性的东西，只有对它进行细致的刻画，才能把母亲牵挂的心淋漓尽致地写出来，才会有比"母亲做好了许多可口的饭菜等我"更有意蕴和质感。

2. 思路导引

思路设计一：写散文。用"情"去揭示、讴歌牵挂的含义与韵致。实际上，生活中的种种情都是一种美丽的牵挂。比如，"慈母手中线，游子身上衣"是亲情的牵挂;"海内存知己,天涯若比邻"是友情的牵挂;"晓镜但愁云鬓改,夜吟应觉月光寒"是夫妻间缱绻的牵挂;"遥怜小儿女,未解忆长安"是父亲对儿女的牵挂;史铁生的母亲目送残疾儿子摇着轮椅,走出家门,是母亲对儿子的一份久久的、沉甸甸的牵挂……可以说,每一个生命都走不出情感的射程,每一次感动都脱离不了牵挂的心声。

思路设计二:写记叙文。牵挂可以是人,可以是物,也可以是凝聚情感的某个载体,如故乡以及故乡中的小河、月光等风景。如何牵挂,怎样牵挂?都围绕"牵挂"的主题展开,切入点要小。

思路设计三:写议论文。牵挂是一种心情,也是一种道德与价值的尺码。对牵挂的内容和目的加以议论,可以从品质的高与低两方面来举例,形成对比论证,以表现各自的品质。如巴尔扎克《欧也尼·葛朗台》中:葛朗台太太临死时,牵挂着在人世间受苦的女儿,说:"幸福只有在天上,你将来会知道。"体现母爱之深;而葛朗台临死时,却时刻挂念世上的遗产和财富,嘱咐女儿:"把财宝照顾得好好的,到那边好向我交账。"表现父亲在亲情方面的冷酷。

技法指导

1. 什么是细节描写

细节描写就是把细小事物(如一个动作、一种表情、一个特点)用特写镜头放大,通过准确、生动、细致的描绘,使读者"如见其人"、"如睹其物"。所谓细节描写,就是对某些细小而又能很好地表现人物思想性格的环节和情节加以具体描写。好的细节描写,能使人物性格丰满、活灵活现、惟妙惟肖,增强文章的形象性、生动性和真实性。细节描写是记叙文的血肉,没有细节描写,就没有形象的鲜明性,事件的生动性。

2. 常见的几种细节描写

(1)肖像细节描写,即对人物肖像进行细节的描写。

(2)语言细节描写,即对人物的某一典型语言进行仔细的描写。

(3)行动细节描写,即对人物的典型行动进行深入细致的描写。

(4)服饰细节描写,即对人物的衣着进行仔细的描写。

（5）表情变化细节描写，即对人物表情的变化过程进行细致的描绘。

（6）心理活动细节描写，即对人物的心理活动进行细致的描写。

（7）事物细节描写，即对某一事物的发展变化过程进行细致的描写。

3. 写好细节要注意的几个问题

（1）写好细节，认真仔细地观察是基础。每个人都有不同的性格特征，所以每个人说话、做事都会以不同的方式体现出自己的性格。我们要做的就是认真地去观察，然后把它积累下来，作为写作的素材。细节描写用于写景、状物时，则要把握住景物的特征和变化。

（2）细节描写要服从表现中心的需要，力求使细节具有深刻意义。细节描写是一种以小见大的方法。细节的分量虽轻，容量却大，我们选择细节的时候要从细微处着手、从小处着眼，小中见大，让小的细节反映人的思想状况、社会风貌。鲁迅在他的小说《孔乙己》中写孔乙己第一次出场，在买酒时他"排出九文大钱"，这一细节表现出孔乙己作为底层文人讲面子、好显摆、穷酸、迂腐的个性，揭示了封建制度对人的迫害。

（3）细节描写在文章中不是越多越好，而应选择具有代表性、概括性、能反映深刻主题的事。比如，鲁迅在《祝福》里多次写到鲁四老爷"皱一皱眉"，这种面部表情的细微变化，便深刻地暴露出封建绅士厌恶寡妇、维护旧礼教的反动立场和丑恶思想。

（4）细节描写必须真实典型。所谓真实，是指细节描写能够精确而又惟妙惟肖地反映现实生活中的人和事的特征。所谓典型，是指描写的细节具有广泛的代表性，能够通过个别的、细小的事物，反映一般与全貌，能够由现象揭示本质。

（5）语言要精练。有些同学认为细节描写就是描写上的不厌其烦，越详细越好，这种看法是不准确的。要抓住最传神的点去描写，而其他地方可以一带而过，细节描写不等于啰嗦。

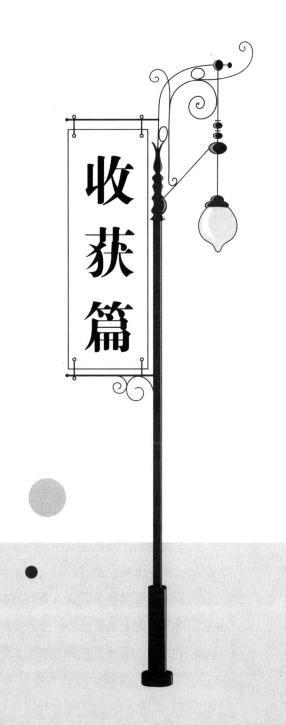

收获篇

胡杨树一千年不死，死了一千年不倒，铮铮铁骨千年铸，不屈品质万年颂；小草任人践踏焚烧，春天依然抽出嫩芽，"野火烧不尽，春风吹又生。"有人说，"人生在世，不如意十之八九。"而我们今天能做的就是让自己顽强起来，做一个有斗志的青年人。如果你顽强的强身健体，可能就不必忍受病痛的折磨；如果你顽强的学习，可能就不必忍受名落孙山的失落；如果你顽强地拼搏，可能就不必忍受碌碌无为的无奈……今天，我们的读写就围绕"顽强"这一主题展开，让我们以最积极勇敢的态度，书写绚丽多彩的青春！

名作赏读

三角梅

刘承章

那年春天，我们陆续给小院栽了一些花木，其中包括一棵三角梅。我们知道三角梅可以开出很繁盛、很灿烂的花，所以对它怀着极为美好的憧憬，特意把它栽在房屋山墙边极为显眼的地方，希望无论是谁来到我家门前，一眼就能看见它。

不料遇到了令人非常沮丧的事情。栽的时候，都一样认真，一样施足了底肥，浇足了水，栽好后，管理也没有偏三向四，可是别的花木都长得欢欢实实，到抽条时抽条，到开花时开花，一年下来，都长得很像个样子了，唯独那棵三角梅老是婴儿似的停滞在那儿，好像完全忘了自己应该成长了。

第二年，那棵三角梅仍然毫无变化。

第三年，满院子的花木都长得青春勃发，高大喜人，那棵三角梅的叶片却比当初栽下时还少了很多，病恹恹的，一副要死不活的样子。我和老伴感伤地想，它总有一天会死去。但自己亲手种下的，还曾怀有那样美好的憧憬，心中仍存那么一丝丝的期盼。

去年是栽下它的第四个年头了。春天，当别的花木都在泛绿、发芽时，那三角梅依然毫无生机，一点要拥抱春天的意思都没有。我和老伴多次站在它面前皱眉、叹息，甚至责备。我们商量，干脆把它拔了吧，省得它还占着一块地方，还要天天浪费几勺水。我的女儿和女婿，也是这样的观点。至此，全家的意见都一致了，欲除之而后快。

然而，事情却出现了意想不到的变化。就在我们说这话后的不长时间，我们惊喜地看见，三角梅可怜兮兮的枝叶间，居然抽出了一枝表皮有着细致纹路的新条，而且长得很快，不久就长到二尺长了，接着又在那新条上旁逸斜出好几条侧枝。我们高兴极了。可为什么会突然发生这么大的变化呢？也许是我们要挖掉它的议论被它听懂了吧！如果是，对它来说，那可是个性命攸关的大事啊，于是它就拼命一搏，终于把生命的力量给搏出来了。好像每天太阳一出来，它就死盯着周围的花木，与它们比赛着成长。它身上透露出来的生机，非常生动地展现在蓝天之下，是那么醒目耐看。这时与其他花木相比毫无逊色之处。它像沉默了好几年的毛毛虫，蓄满力量，开始向着花蝴蝶的方向蜕变。

又过了一个多月，我出门要干什么去，忽见山墙边露出一段红色的花枝，仔细一看，才发现竟然是三角梅开了一簇火红的花。它静静地趴靠在墙边，正好长了一人高。我急忙叫来老伴，让她也高兴高兴。老伴的眼中闪耀出多年来少见的美丽光彩。

又是一个春天来临了，此时的三角梅已长成一棵枝茂花繁的大树，比房檐都高，它的红色花瓣就像红金子捶成的薄片，只要轻轻撞击就能发出动人的声音。太阳照射的时候，它的每朵花都泛溢着红色的光晕；风儿一吹，每朵花都像一只火红的蝴蝶张开了翅膀，扇动着，奋争着，仿佛急欲挣脱枝头，翩翩飞去。

生命，在坚韧中真是蕴藏了无法言说的奥秘和潜能！

作者在栽种后的四年里，三角梅的生长经历是怎样的？看到三角梅终于旁逸斜出的枝杈，老伴眼中闪耀出多年来少见的美丽光彩，作者发出了什么样的慨叹？

兰 草

佚 名

小时候，常常遇到一些女孩用"兰"字作名，干吗要用"兰"作名呢？我产生了好奇心，去问父亲。父亲说，兰是一种草，开的花特香，兰草貌似柔弱，但生命力极强，惹人喜爱，因此人们爱用"兰"为女孩子命名，希望她们像兰草一样贤淑温柔，美貌端庄，健康成长。父亲的话我似懂非懂，但产生了想见兰草的愿望。

但家乡没有兰草，后来，我上了初中、高中，来到县城，那里也没有兰草。

去年九月中旬，我们奉命来到了扒口行洪的小河口镇灾区救灾。行洪区的高处已经露出了水面。少数回归的群众，已在残堤上搭起了临时灾棚，等候着重建家园。为了迎接行洪区中小学生归校，我们急于了解学校的受灾情况。这是一所我熟悉的学校：雄伟的教学大楼，整齐的教师宿舍。特别是校园美化，全市有名。四季花香，长年青翠，满园秀色。而现在展现在我们面前的这所学校，除了伤痕累累的教学大楼依然倔强地挺立着，整座校园覆盖在厚厚的淤泥中。露出泥面的柏树、广玉兰、女贞树等，浑身泥土，成了朽木枯枝；至于那些名花们，早已杳无踪迹。一片泥沼，满目荒凉，看不到生命的迹象。我心里感到沉甸甸的。

就在抱怨洪水的肆虐时，我眼前一亮，忽然发现远处的淤泥堆上，像是谁散落了十分鲜嫩的四季葱苗。远远望去，它们婀娜娇艳，翠润如玉。在这百里泥沼中不可能有四季葱苗！我不顾一切，从深可没膝的淤泥中蹚了过去，走近一看，其中竟还有两三朵白色的小花。凑上去，一缕淡淡的清香，沁人心脾！我大声叫喊起来：这里有抗御洪水的英雄！同行的校长告诉我们，这堆淤泥下是一个圆形的大花台，周围种的是一圈兰草。淹水前这些兰草叶长不过五寸。意想不到，它竟会在两个多月的滔滔洪水底下，从与日俱增的淤泥中不断挣出身子，突破了半米多深的淤泥的封锁。在洪水退后，群芳寥落，校园一片死寂。独有这兰草、兰花，带着与洪水般顽强拼搏后的疲劳与倦色，虽然减少了一些浓绿与浓香，却显得更鲜、更嫩、更加亮丽。我对这具有超强生命力的兰草，不禁肃然起敬。在温柔舒适的花园中，兰草恪守名分，娴静恬淡，默默奉献，丰富人间香与美，从不张扬；在荒山僻谷中，兰草仍然生机勃勃，奋发向上，散发出缕缕清香，不为沦落深山而自弃；在沧海横流、洪水滔天的绝境中威武不屈，奋斗不止，争得了自己的生存，获得了发展的先机。

我抬起头来，远远望见守候在残堤上的父老乡亲们，心潮起伏，思绪难平。在父老乡亲的身上，我看到了兰草的秉性；在兰草的身上，我看到了父老乡亲的希望。

赏析

本文主要写兰草，着重表现了兰草什么特性？文中哪两个词表现了在不同时期，作者对兰草的思想感情？作者借兰草言志，想表达什么思想？

山中的老杏树

杨德伦

杏子成熟时，正赶上农村收麦。麦收过后的一天，我才抽空扛着木棍，棍上挑着篮儿，上了南山。

半路碰上邻居二婶儿。二婶儿见我也去采杏，忙告诉我："我都找遍了，只有山梁南面第二个山沟里那棵树上还有杏儿，只是杏子又青又小，还不好吃！"说完，二婶儿便走下山去。

我登上山梁，老远就看到了那棵树。它是那条山沟里仅有的一棵杏树。走近了才望见树上绿绿的叶子中颗颗半红不绿的杏子，成串成串地挤满枝头。随着一阵微风，杏树抖动起枝叶，像是在和我打招呼。

这是一棵老杏树，它长在沟底缺土少水的岩石旁，树干又高、又曲、又粗，疤痕累累，显然它已历尽沧桑。我把木棍儿插在腰间攀到树上。坐在粗大的树杈上，我看得更清楚了：枝条上的每个叶窝儿都挂着一个圆溜溜的杏子。大多杏子又都长着"阴阳脸"——一面绿中透黄，一面黄里带红；个头儿不小，个个儿都像个小苹果儿。望着这绿叶间压串枝的杏子，我比喻不出它们像珍珠、像宝石，还是像翡翠、像玛瑙。捏开一个一看，哎呀，金色的果肉浸满果汁，放到嘴里，酸溜溜，甜滋滋，沁人心脾。

一抬头，无意中发现两个树杈之间卡着一块石头。哦！我全明白了：二婶儿说这杏子又青又小不好吃，是因为树太高，她看不见结在上面的杏子，只摘些下面小的杏子。她不会上树，够不着，用石头又砸不下来。显然，她着实冤枉了这棵老杏树。

望着满树伸手可及的果实，再俯视一下这棵饱经风霜的老杏树，一种敬慕之情油然而生。老杏树啊老杏树，你不怕寂寞，不畏艰难困苦，独自扎根于这深山岩石之中，老而不衰。一年又一年，你为人们结下多少杏子？可你对人却无半点所求。当你受了委屈或遇到冷眼时，脚跟仍是那样坚定，胸怀仍是那样坦荡、无私。多么可敬的老杏树啊！我轻轻地取下石块，抽出腰间的木棍儿，可怎么也打不下去，唯恐因打杏子而折损老树的枝叶，伤害它的身心。于是，我下了树，挎上篮儿，再爬上树，坐在老杏树的怀抱中，尽情地摘着杏子，尽情地享受着它奉献的果实。

赏析

这是一篇优美、生动、感人至深的文章。相信每一名同学读了此文后，一定会认识到：本文绝不单纯是状"物"；作者运用了托物言志的方法，借山中老杏树的特点，热情讴歌了具有老杏树品格（不怕寂寞、不畏艰难困苦、扎根深山、饱经风霜、老而不衰、只讲奉献、胸怀坦荡、无私）的人，同时从心底抒发了对具有老杏树品格的人无比敬爱之情。

青春读写

红色的春天

石厦中学　赵羽西

深圳的春天，是红色的。永远在我心中明艳。

一二月份，是橙得发红的炮仗花盛开的时候，小朵小朵细长而像喇叭花的金红色花朵聚成簇，明艳在如瀑布般的绿色藤蔓之上，它的藤蔓从黑色的铁栏上垂下，花开得多的时候，就如一大片金红色的瀑布，在阳光下煞是耀眼。

稍后，姗姗来迟的是木棉花，有色泽不纯的橙色，但更多的是如血般的红，落完叶后，光秃秃的树枝就在一夜之间绽放出一树血色，犹如戏剧里的旗袍贵妇般端坐着，矜持、典雅、庄重、一言不发。朵朵花瓣向上，被金色的阳光镀上一层华丽的金边，犹如一枚枚典雅的铜樽。落下来的木棉可以煲汤祛湿或是入药，所以树下经常可以看到捡木棉花的人。

二三月份，也就是这个时候，深圳的市花——勒杜鹃开始盛开，先是一小朵一小朵，然后是一簇一簇，接着就是成片的绽放。每次放学，从校门口出来之后右拐，就是一条长廊般呈拱形的杜鹃花蔓，二三月份勒杜鹃开得正艳，一大团一大团地聚在一起，犹如红得发紫的云海，中午的太阳仿佛点燃了那红色的火，风吹来，花团如火焰一般摇曳，充满生命的活力，艳丽得令人目眩。

我每次放学时转弯都要看一次那片杜鹃花火，每次都会因为那种蓬勃的妍丽产生一种无法形容的崇敬。

旺盛，艳丽，张扬，蓬勃。

勒杜鹃是深圳的市花，原先滨海大道的隔离带就是勒杜鹃的天地，高高的新枝能挡住另一边所有的车灯。每到二三月份，它就会盛放，给在明媚的阳光下坐在车里的人注入一种独特的生命力。但现在大丛大丛的勒杜鹃都不见了，取而代之的是像水桶一样的鹅黄色方形花盆，小里小气地种着一丛，这时候就算全部都开放，也不及原先蜿蜒过去犹如火龙般的盛景，着实可惜。

自家阳台上，母亲曾插了一支短短的杜鹃花树枝，那条树枝在一两个星期之后便蓬勃着发芽，抽枝长叶；现在已经长得初具规模。杜鹃花的生命力很强，剪一截稍粗的枝干种在土里，很快就能存活，长出新的一株来，只要阳光充足，雨水充足，它就会开花。现在自家阳台上也点缀上了星星火焰。

这是一种顽强得如野草般的精神，不嫌弃环境，不挑剔营养；树根深深扎在土中，根系十分发达。然后它毫不掩饰与吝啬地向人们展示自己花朵的艳丽，那种红得发紫的美丽颜色，犹如夕阳最深处的一抹油彩，令人震撼。

火色杜鹃，我心中永恒的花图腾。

点评

春天百花盛开，多姿多彩，可作者眼中、心中的春天却是红色的，开篇很能吸引读者的眼球。橙得发红的炮仗花、如血般红的木棉花，描写细腻、生动，为下文作铺垫。成片的绽放的勒杜鹃火红登场，它旺盛、艳丽和张扬，从外到里地震撼着作者，所以作者的春天是红色的，更是蓬勃向上、顽强不屈的。作者托物言志，认为人同样应该抱有奋发向上、不屈不挠的心态。比喻、拟人等修辞手法，作者也手到擒来，运用自如。

希望，从这里开始

石厦中学　李悦彤

一只苍鹰，站在山头，张开双翅，目视前方，身体前倾，脚点土地，照片定格在了它即将飞翔的那一刹那。它脚下的那片土地，它踏出的那一点印记，是它希望开始的地方。

我心中的希望，不是站在山底对山顶的幻想；亦不是登上山顶，自以为傲视众生的无知狂妄。当我登上峰顶，眼中坚定、笑视前方；当我展开羽翼，蹬开土地尽情翱翔，我双足踏出的尘土飞扬、双翅扇动的空气颤动，这是我的希望开始的地方，我的希望———一只苍鹰搏击长空，带着坚定与勇气，一直向上。

我曾像一只怯懦、敛翅的飞鸟，总是幻想自己飞翔在最高空，但又不愿振翅奋斗。我一度认为自己超越不了别人，认为自己的努力已经足够，固执地给自己找借口，给自己蒙上双眼。前方的人越走越远，后面的人越来越近。事实残酷地扯开了我遮住眼睛的黑布，此时我才发现，我已经落后了这么多。但我依旧抱着会赶上去的想法，仍然是被动的学习。我不知道从什么时候，也许是被人嘲笑物理成绩很低时，也许是看到两张摆在一起令人茫然的历史考卷时，我突然主动拿出厚厚的资料背了起来，突然要求多做几道题，那时的我才开始真正地主动学习了。

我开始摇摇摆摆地向上飞行，就像我种的豆芽，艰难地向上生长一般，将根深深扎入浸水的纸巾里，希望多吸收一些水分，好有展开叶瓣的资本。当时的我踏踏实实地学，问问题的次数也多了许多。但我的翅膀依然软弱无力，因为我没有目标和方向，只是一味地扇动双翅。但这样的努力为我打下了基础。一次，我惊喜地发现，自己离盘旋在上空的苍鹰已经非常近，此时的我就像突然发现光源的豆苗，开始尽情地向光伸展自己的身躯，豆叶已经微微打开，绿得发亮。

学习有一种玄妙难言的感觉，而肯定自己的同时也肯定别人，看清差距，为之努力的感受更是玄妙、美妙。我从开始的雏鸟成长为现在懂得拼搏的鹰，开始为自己的希望真正地搏击。突然明白，离开地面、摇摆向上的瞬间只是我开始懂得努力和顽强奋斗的地方，我所认为的希望是从下定决心勇敢向上开始的。只有最初心中坚定的地方，才开始了希望的征程，才能被称作希望的起点。

我必做一只在风雨中穿行的苍鹰，没有什么能阻止我扇动翅膀。希望从那儿开始，在这里进行，也许会有结束的一天，但那一定在我绽放了最美之后。

点评

作者开篇描写苍鹰即将飞翔的瞬间，它目标明确、努力无畏地开启希望的征程。既点出了描写对象，又照应了文题。写苍鹰其实是写自己，作者联系自己的经历，写出由怯懦敛翅到风雨中穿行，扶摇直上的蜕变，告诉大家搏击长空不仅要努力，更需要目标与坚强！内容充实，托物言志，自然，思路清晰。

宇宙万物是相互联系的一个整体，一物一象都含理。人们可以通过某一具体物象来展示对自然、社会、人生的情感，表达从中悟到的某些哲理。

托物言志，也叫咏物抒情，就是指借助外界的某种事物来表明自己的好恶、爱憎的情感。它的特点是通过状写事物，感物而生情，托物而言志。它是先写物，但不就物论物，不停留于物本身，而是将物清晰地展示在读者面前后，再赋予物更深一层的含意。由物而生情，通过抒发情怀，表述事理，来突出文章主题。运用此法，可以使文章显得既深刻含蓄、饶有韵致，又具体形象、可感性强。托物言志，具体有三种做法：

（1）借助自然界中的具有某种象征意义的动物、植物、矿物或其他物象。例如，樊发稼的《故乡的芦苇》一文，运用托物言志法，先由芦苇的不起眼、朴实无华，到用芦苇叶子做哨子、做小船，再到芦苇丛中抓纺织娘，写芦苇带给了作者不少童年的欢乐；接着，写芦苇无所不在、有蓬勃的生命力，喜欢集丛而生、结成一个绿化的集体，任凭再猛烈的风也刮不倒；再写芦苇所求甚少、用途极广；最后，表达要学习芦苇的风格及奉献精神。全文托物言志，含蓄、生动。

（2）借助人类社会生活中制造的某些器物、建筑物。例如，《大礼堂屋檐下的老铜钟》的片段：我们学校大礼堂的屋檐下，有一口老铜钟。这口老铜钟和学校大礼堂同龄，已有二三十年的历史了，我几乎每天都去看看它。由于日晒、风吹、雨打，全身长满了青绿色的铜锈，因而外表并不美观，也不光亮，它的表面除了五朵雕花和三圈花纹外，再没有别的打扮了。有一天，学校停电，电铃响不起来。这时老铜钟响了。"当！当！当！"好像在招呼我们，"上课了，大伙儿快进教室吧！"哟，老铜钟居然也有比电铃好的地方呢！这篇文章通过对大礼堂屋檐下的老铜钟的描写，表达了作者的意愿——做一个淳朴厚道、不计报酬，一辈子为人们默默做贡献的人。

（3）借助中外文艺史上描写、摹绘过的物品、意象。例如，于谦的《石灰吟》就是一首托物言志诗，作者以石灰作意向（象征物），表达自己为国尽忠、不怕牺牲的意愿和坚守高洁情操的决心。

文题：亲爱的同学们，人生犹如漂泊在大海上的一只小帆船，也许海面风平浪静，小帆船会顺利到达目的地；也许会有狂风暴雨，小帆船随时会有翻入大海的危险。正如宗璞在《紫藤萝瀑布》所说："花和人都会遇到各种各样的不幸，但是生命的长河是无止境的。"此时此刻，请不要畏缩，留一点坚强给自己，"长风破浪会有时，直挂云帆济沧海"！

请围绕"坚强"这个主题，运用所学方法，写一篇600字以上的记叙文，从大自然和生活的一草一花一物中得到启发，用坚强书写多彩的青春！

"阅读"专题

"书籍是人类进步的阶梯。"无论你喜欢的是古朴典雅的诗词、优美动人的散文、跌宕起伏的戏剧、布局精妙的小说还是引人深思的传记，一本好书就像一杯好茶，给人沁人心脾的舒畅；亦如一位智者，为你指明成长的道路。

同学们，你喜爱阅读吗？你从书中都读到了些什么？当你将阅读作为一种习惯，收获的将不仅仅是学业上的突飞猛进，更是成长的积累与沉淀。阅读的同时也请动笔记录你所读的书籍，写写你对作家的认识，对人物的分析，对内容的理解，这都将成为你宝贵的财富。

青春读写

名作赏读

谈读书

周国平

读书犹如采金。有的人是沙里淘金，读破万卷，小康而已。有的人是点石成金，随手翻翻，便成巨富。

书籍少的时候，我们往往从一本书中读到许多东西。我们读到书中有的东西，还读出了一些书中没有的东西。

如今书籍愈来愈多，我们从书中读到的东西却愈来愈少。我们对书中有的东西尚且挂一漏万，更无暇读出书中没有的东西了。

自我是一个凝聚点。不应该把自我溶解在大师们的作品中，而应该把大师们的作品吸收到自我中来。对于自我来说，一切都只是养料。

有两种人不可读太多的书：天才和白痴。天才读太多的书，就会占去创造的工夫，甚至减少创造的活力，这是无可弥补的损失。白痴读书愈多愈糊涂，愈发无可救药。

天才和白痴都不需要太多的知识，尽管原因不同。倒是对于处在两极之间的普通人，知识较为有用，可以弥补天赋的不足，可以发展实际的才能。所谓"貂不足，狗尾续"，而貂已足和没有貂者是用不着续狗尾的。

要读好书，一定要避免读坏书。所谓坏书，主要是指那些平庸的书。读坏书不但没有收获而且损失重大。一个人平日读什么书，会在听觉中形成一种韵律，当他写作的时候，他就会不由自主地跟着这韵律走。因此，大体而论，读书的档次决定了写作的档次。

对我们影响最大的书往往是我们年轻时读的某一本书，它的力量多半不源于它自身，而缘于它介入我们生活的那个时机。那是一个最容易受影响的年龄，我们好歹要崇拜一个什么人，如果没有，就崇拜一本什么书。后来重读这本书，我们很可能对它失望，并且诧异当初它何以使自己如此心醉神迷。但我们不必惭愧，事实上那是我们精神的初恋，而初恋对象不过是把我们引入精神世界的一个诱因罢了。当然，同时它也是一个征兆，我们早期着迷的书的性质大致显示了我们的精神类型，预示了我们后来精神生活的走向。

年长以后，书对我们很难再有这般震撼效果了。无论多么出色的书，我们和它都保持着一个距离。或者是我们的理性已经足够成熟，或者是我们的情感已经足够稳重，总之，我们已经过了精神初恋的年龄。

赏析

读书要如何读，这并不是一个简单的问题，周国平先生这篇关于读书的小议应当能给予我们一些启发。

谈读书（节选）

朱光潜

朋友：

中学课程很多，你自然没有许多时间去读课外书。但是你扪心自问：你每天真抽不出一点钟或半点钟的功夫么？如果你每天能抽出半点钟，你每天至少可以读三四页，每月可以读一百页，到了一年也就可以读四五本书了。何况你在假期中断不会每天只能读三四页呢？你能否在课外读书，不是你有没有时间的问题，是你有没有决心的问题。

世间有许多人比你忙得多，许多人的学问都在忙中做成的。美国有一位文学家、科学家和革命家富兰克林，幼时在印刷局里做小工，他的书都是在做工时抽取闲暇时间读的。

人类学问逐天进步，你不努力跟着跑，便落伍退后，这固不消说。尤其是养成读书的习惯，是在学问中寻出一种兴趣。你如果没有一种正常爱好，没有一种在闲暇时可以寄托你的心神的东西，将来离开学校去做事，说不定要被恶习惯引诱。但是你如果在读书中寻出一种趣味，你将来抵抗引诱的能力比别人定要大些。这种兴趣你现在不能寻出，将来也不会寻出的。凡是人都越老越麻木，你现在已比不上三五岁的小孩子那样好奇、那样兴味淋漓了。你长大一岁，你感觉兴味的锐敏力便须迟钝一分。达尔文在自传里曾经说过，他幼时颇好文学和音乐，壮时因为研究生物学，把文学和音乐都丢开了，到老来他再想拿诗歌来消遣，便寻不出趣味来了。兴味要在青年时设法培养，过了正常时节，便会萎谢。养成读书习惯也是这样。

你也许说，你在学校里终日念讲义看课本就是读书吗？讲义课本意在平均发展基本知识，固亦不可不读。但是你如果以为念讲义看课本，便尽读书之能事，就是大错特错。第一，学校功课门类虽多，而范围究极窄狭。你的天才也许与学校所有功课都不相近，自己在课外研究，去发现自己性之所近的学问。再比如，你对于某种功课不感兴趣，这也许并非由于兴趣不相近，只是规定课本不合你的胃口。你如果能自己在课外发现好书籍，你对于那种功课的兴趣也许就因而浓厚起来了。第二，念讲义看课本，免不掉若干拘束，想借此培养兴趣，颇是难事。比如，有一本小说，平时自由拿来消遣，觉得多么有趣，一旦把它拿来当课本读，用预备考试的方法去读，便不免索然寡味了。兴趣要逍遥自在地、不受拘束地发展，所以为培养读书兴趣起见，应该从读课外书入手。

书是读不尽的，就读尽也是无用，许多书没有一读的价值。你多读一本没有价值的书，便丧失可读一本有价值的书的时间和精力；所以你须慎加选择。你自己自然不会选择，须去请教批评家和专门学者。我不能告诉你必读的书，我能告诉你不必读的书。许多人曾认定宗旨，不读现代出版的新书，因为许多流行的新书只是迎合一时社会心理，实在毫无价值，经过时代淘汰而巍然独存的书才有永久性，才值得读一两遍，甚至于无数遍。我不敢劝你完全不读新书，我却希望你特别注意这一点，因为现代青年颇有非新书不读的风气。别的事都可以学时髦，唯有读书、做学问不能学时髦。我所指不必读的书，不是新书，是谈书的书，是值不得读第二遍的书。像"文学大纲""科学大纲"以及杂志报章上的书评，实在都不能供你受用。你与其读千万卷的诗集，不如读一部《国风》或《古诗十九首》，你与其读千万卷谈希腊哲学的书籍，不如读一部柏拉图的《理想国》。

你也许要问我："像我们中学生究竟应该读些什么书呢？"这个问题可是不易回答。我个人的见解也不妨提起和你商量商量。十五六岁以后的教育宜注重发达理解，十五六岁以前的教育宜注重发达想象。所以初中的学生们宜多读想象的文字，高中的学生才应该读含有学理的文字。

谈到这里，我还没有答复应读何书的问题。老实说，我没有能力答复，我自己便不曾读过几本"青年必读书"，老早就读些壮年必读书。比如，在中国书里，我最欢喜《国风》《庄子》《楚辞》《史记》《古诗源》《文选》中的书笺，《世说新语》《陶渊明集》《李太白集》《花间集》，张惠言的《词选》《红楼梦》等。在外国书里，我最欢喜济慈、雪莱、柯尔律治、布朗宁诸人的诗集，索福克勒斯的"七悲剧"，莎士比亚的《哈姆雷特》《李尔王》和《奥瑟罗》，歌德的《浮士德》，易卜生的戏剧集，屠格涅夫的《处女地》和《父与子》，陀思妥耶夫斯基的《罪与罚》，福楼拜的《包法利夫人》，莫泊桑的小说集，小泉八云关于日本的著作等。你要知道读书好比探险，也不能全靠别人指导，你自己也须得费些功夫去搜求。我从来没有听见有人按照别人替他定的"青年必读书十种"或"世界名著百种"读下去，便成就一个学者。别人只能介绍，抉择还要靠你自己。

关于读书方法，我不能多说，只有两点须在此约略提起。第一，凡值得读的书至少须读两遍。第一遍须快读，着眼在醒豁全篇大旨与特色。第二遍须慢读，须以批评态度衡量书的内容。第二，读过一本书，须笔记纲要和精彩的地方和你自己的意见。记笔记可以帮助你记忆，而且可以促使你仔细，刺激你思考。记着这两点，其他琐细方法便用不着说。各人天资习惯不同，你用那种方法收效较大，我用那种方法收效较大，不是一概而论的。你自己终究会找出你自己的方法，别人绝不能给你一个方单，使你可以"依法炮制"。

你嫌这封信太冗长了罢？下次谈别的问题，我当力求简短。再会！

你的朋友光潜

赏析

朱先生的这封信洞察明理，言真辞切，细细读来，会有醍醐灌顶之感。这篇《谈读书》讲的是平常的读书道理，却又让人有感觉不知道说到了哪里的妙处，字句严整，颇让人心静。

书香氤氲

一盏茶，一缕香，一捧古卷细思量，如豆的灯光下，书香浸染，茶香缭绕，馨香氤氲……

犹记得晦涩难懂的《诗经》，在臂弯里浅唱低吟。一个厚厚的精装本，淡蓝灰的封面烫着银白色的字体，古朴的就像一位清清爽爽的秀才，于风中立着，夕阳又照，倦鸟又归。精致的诗行，华丽的感情，高雅的气质，清新的意境，和谐的韵律……"蒹葭苍苍，白露为霜，所谓伊人，在水一方"，水中央的梦中伊人象征了多少人心中爱情的完美境界！对于所爱之人，可望而不可即，几多愁苦，几多思念；"振振君子，归哉归哉"，妻子的呼唤饱含着相思的痛苦，无望的期盼，如何能排解萦绕心头的忧思？"死生契阔，与子成说"的誓言在生离死别的现实面前显得如此苍白！古韵古风的诗句里流淌着美丽永恒的情结和无限的憧憬与寄托，像溯流而上的渊鱼，进入"思无邪"纯美的汪洋之境。

书香氤氲，斜靠在软榻上，沉溺于"执子之手，与子偕老"的美好爱情中，憧憬未来……

犹记得催人落泪《红楼梦》，在浩瀚书海中一枝独秀。"新仇旧恨知多少"，想起大观园，就会想起她的泪！红楼古道，寄不出千世情，只有木石前的落花，只有孤影的悠悠红尘。"花谢花飞花满天，红消香断有谁怜"，寥寥数笔，怎能道尽她悲天悯人的哀怨？她会咏叹"人生若只如初见"，恍惚间，仿佛还听见初来贾府时府中传来的声声"林妹妹"，仿佛还看见上一世的木石前盟……几度轮回后，尘垢淡化了前缘，只剩年华在泛黄的书卷中随暗香散落……

书香氤氲，杯中已凉的清茶似也在冷眼旁观着"树倒猢狲散"的人情冷暖。

犹记得浪漫抒情的《离骚》，在氤氲书香中，传唱千年。一个生命渗入了一条长江；一个诗魂沱回水系与笔端；一个情怀心系离骚长悠悠。头戴巍峨之冠，身着兰草香服，披发行吟，时而悲叹，时而沉吟。他亦如他的文，散发出点点馨香，遍染层林。司马迁称赞他："其文约，其辞微，其志浩，其行廉，其称文小而其指极大，举类迩而见义远。"他就这样徜徉于汨罗江，国家的灭亡、百姓的哭声，都化作他眼角的泪滴，流入江底。他的诗像用他沸腾的热血飞溅、抛洒而成的，感情是那样的澎湃激越。他是千古传唱的歌者，留给后世一片震惊。

书香氤氲，掩卷而思，心中怅然。深深被"长太息以掩涕兮，哀民生之多艰"的爱国情怀所折服。

茶香袅袅，书香氤氲。在书中，我与远古亲切对话，和现代细诉衷肠；在书中，我饱览了世间万种风情，细品了百味人生，在体验审美愉悦的同时，情满意溢其乐不知返；在书中，我感受到了爱情的伟大凄美，体会到了世间的人情冷暖，了解了中国的兴亡盛衰。书被人类喻为文明世界的"长生果"，书告诉了我，什么是真善美，什么是假恶丑，什么是天使与鲜花，什么是魔鬼与毒草。读书，使我的人生顿然领悟；让我的心灵得到滋养。

在喧嚣的尘世间，微风轻拂，寄情典籍，感受"大隐隐于市"的超脱；在暖日的洗礼下，展卷安坐，排除世俗的纷扰，体会五柳先生"结庐在人境""心远地自偏"的感觉；抑或在那幽静的夜晚，守在小窗前，望着那灿烂的星空，憧憬美妙的人生境界，最后吟咏着："万卷古今消永昼，一窗昏晓送流年"，酣然入梦……

因为阵阵书香，才会选择细细品味！就像清茶，入口苦涩，回味却甘甜，因为那是跨越了时空留下的记忆。

（赏析）

书香氤氲中，作者带我们走进晦涩难懂的《诗经》、催人落泪的《红楼梦》、浪漫抒情的《离骚》，感情在这里深沉，生命在这里浓烈。在喧嚣的尘世间，让我们生活在书香氤氲中。

一路与书籍同行

时间在飞逝，知识在增长，不知从什么时候开始，我的生活中已缺少不了阅读，许多书籍成了我形影不离的伙伴。书籍为我打开了丰富多彩的世界，它带我畅游世界，领略大自然风光，了解大自然奥秘；它让我感受到了在日常生活中无法感受到的情感；它让我从一个懵懂的少年慢慢成长为一个有独立思想和丰富情感的人。

小时候的我不爱看书，偶尔拿起书来，往往也是一目十行，对书中的世界并不是很感兴趣。后来让我对书产生兴趣是姐姐。姐姐很爱看书，一拿起书就入了迷，从有拼音的连环画到各种类型的名著、小说，她都爱看。书让姐姐着迷，书让姐姐沉醉，书让姐姐显得那么优雅，书让姐姐知识渊博。小时候的我总喜欢缠着姐姐给我和邻居小伙伴们讲故事，姐姐被我们围在中间，她一讲故事，伙伴们都凝神屏息，心情随着故事情节的变化而变化，有时紧张，有时松弛而长舒一口气，有时愤怒得咬牙切齿，有时高兴得欢呼雀跃。每次讲完了，小伙伴们都觉得意犹未尽，总是缠着姐姐要她再多讲一些，伙伴们都很羡慕我有一个这样的姐姐，我也为自己有这样的姐姐而骄傲。闲暇时，姐姐也会为给我挑几本书看。可能是那时的我识字不多，所以总觉得书是乏味而无聊的，翻不了几页，便会扔下书和小伙伴们一起去外面玩。

上小学后，识字量逐渐增多，又受姐姐的影响，我开始试着慢慢地去读书，但还是坚持不了多久，总是看几页就没了兴趣。姐姐似乎看出了我的心思，她把自己小时候看过的那本《安徒生童年故事》送给了我，我一翻开这本书，便被那个多姿多彩童话世界迷住了，之后我又看了孤儿院里的灰姑娘——《长腿叔叔》、扫烟囱的男孩——《水孩子》《绿野仙踪》等，书开始走进了我的世界，我也渐渐和书交上了朋友。在书中，我认识了很多品质优秀的人物，如，双耳失聪，却在厄运中谱出流传千古交响曲的贝多芬；不畏任何艰难险阻，百折不挠，勇于进取的保尔·柯察金；弃医从文，以笔为武器，战斗一生的鲁迅。书让我明辨是非；书教会了我面对困难时要不屈不挠，坚持不懈；书让我学会了忍让，学会了宽容。

现在的我，最喜欢做的事，便是在空暇时捧上一本书，在膝上摊开，闻着它散发出的油墨清香，把自己沉浸在书的世界里。我已经无法离开书这位良师益友了，在未来的日子里，我将会继续和书相伴而行，让它成为我的精神食粮，用它丰富的知识甘露，浇灌我求知的心田。

赏析

这篇散文写得很有深度，立意鲜明：书籍为我打开了丰富多彩的世界。主体部分旁征博引，分别进行论述。文章最后"让它成为我的精神食粮，用它丰富的知识甘露，浇灌我求知的心田"的描写，富有哲理。

阅 读

不知什么时候开始，我像一头山间的小梅花鹿，邂逅一泓清泉，并沿着流水一蹦一跳地追溯着，不知不觉，眼前一亮，便拥抱了一个花繁叶茂的大草原。我就这样与书结缘，前无向导，后无追兵；我就这样与书同伴，阅读万古情怀，阅读奇谲野史，阅读科幻迷离，向着瑰丽风景的方向奔去，去共进一场精神的盛宴。

阅读之于我，恐怕与吃饭睡觉一样重要。

因为——

阅读是一种心灵的快意，让我悸动在它独行的灵魂中。

一蔽浓荫，当窗阅读，拾起散落在荒烟、蔓草间的秦砖汉瓦，让心灵融入千年的唐风宋雨中。泛黄的纸页上，美妙的诗行里，有着许许多多让我无法抗拒的先哲。行吟江畔、九死不悔的屈子；万夫雄心、壮志未已的曹操；

唱黍离之悲的豪放鼻祖，叹杨柳岸晓风明月的婉约泰斗；还有言语文章汪洋肆意的庄子……这些不灭的魂灵们，总在每一个凄风苦雨的夜晚如铁马冰河闯入我的梦里，斗转星移，沧海桑田，一梦千年，万事不醒。

阅读是一种感官的享乐，让我调和在它缤纷的色彩广影中。

喜欢陶渊明平中见奇的文字中凸显的田园风光，我从中领略到阅读是一本存折，精华内蕴，包罗万象；又似手中的调色盘，随手挥就便是缤纷的世态。天地人，文史哲，无所不包，无所不容。王子和公主的美丽童话，葡萄和狐狸的伊索寓言，少年写手的不羁情怀，美女作家的一线情愫，历史文哲的厚重之实，时文撷英的怡情之趣，皆在探询之中。对书中女子的一颦一笑都喜爱，那种爱比狂爱少一份轻狎，比敬畏多一份亲近，阅读，确在心坎处。

阅读是一种灵魂的舒坦，让我常想在它温柔的碧浪中。

阅读是受伤孩子最好的治疗方式，我一直这样以为。心情黯淡时，捧一碗《心灵的鸡汤》吧，曾让迷失荒野的自己寻找到了出路；意志消沉时，想想《钢铁是怎样炼成的》，曾经搁浅的航船再度击楫沧海，乘风破浪，奋起拼搏成了座右铭；心情躁动时，看一本《谁动了我的奶酪》，机遇与挑战永远存在，何必为争名夺利而烦乱了心灵？阅读，邀请我走进生命的茅屋，感悟红尘之外的心灵世界。

爱阅读，清晰而不迷茫。

爱阅读，亲近而不亲狎。

爱阅读，绕梁而不停滞。

赏析

这是一篇完整而又精彩的抒情散文，文章开篇点题自然，引出下文，引起读者的阅读兴趣。运用排比段的形式构思全文，表达了自己对阅读的挚爱，结尾点题，深化中心。

你是我心中的一道风景

李白，你就是一道风景。

在一个书声琅琅的早晨，我认识了你，你吟着那首响彻千古的思乡之曲，大步向我走来。"床前明月光，疑是地上霜。举头望明月，低头思故乡。"情系千载，从此，我与你有了解不开的情绪。

在那个歌舞升平的大唐盛世，你是一个神话，是一道风景。

你胸怀天下，在长安天子脚下写下了属于你自己的传奇。好一个桀骜不驯的你！"酒入豪肠，七分酿成了月光，剩下了三分啸成剑气，绣口一吐，就是半个盛唐。"力士脱靴，贵妃研墨，你无奈地写出了"金玉其外，败絮其中"的大唐宫廷艳曲。

你是一道风景。你，不屈权贵，敢于直谏。"人生在世不称意，明朝散发弄扁舟。"终于有一天，你再也抑制不住心中的不满，留下了一个"安能摧眉折腰事权贵，使我不得开心颜。"的千古流传的佳话。

中华历史上下五千年，英雄又仅千万？而你，是一道独特的风景。在历史长河中，浅斟"秦时明月汉时关，万里长征人未还"者有之，高唱"黄沙百战穿金甲，不破楼兰终不还"者有之，疾呼"国家兴亡，匹夫有责"者有之……但是你，在大唐那个太平时代里，在盛世那个逢迎岁月中，在天子面前一脸正气，在权贵面前一腔蔑视。"我寄愁心与明月，随风直到夜郎西"，你在朋友落难之时倾尽全力相助；"仰天长啸出门去，我辈岂是蓬蒿人"，你在遭遇困难和挫折时仍豪气不减。

你是一道风景，也是我的一面镜子。在我虚度光阴时，我会想到你的"黄河之水天上来，奔流到海不复回"；在我碰到困难时，你又告诉我"长风破浪会有时，直挂云帆济沧海"；在我意志消沉时，你又鼓励我，"天生我材必有用，千金散尽还复来"。你的诗句永远吸引着我，你的思想永远激励着我。在每一次花开花落，每一个阴晴圆缺，我都会想起李白，想走进李白的世界。

李白，你是一道风景，是我心中的一道风景！

赏析

这位小作者不仅有丰富的诗歌阅读，还通过诗歌作品，对诗人有了一定的了解。这篇文章的优点在于并不仅仅是引用和化用诗句，结尾时还将作家的作品与自己的生活结合了起来，这才是阅读的思想。

什么样的作文能取得高分呢？我们都知道是立意正确，感情真挚，材料具体，构思新颖，详略得当的，但是在考场作文中还有一点是格外重要的：让语言富有文采。

方法一：多使用修辞手法

我们从小学的时候就开始接触修辞手法，但真正在作文中用好的同学却不多。我们最常用的修辞即比喻、拟人、排比，听过起来很容易，却有一些需要注意的点。

拟人的运用适用于景物描写的部分，起画龙点睛的作用。我们运用拟人的时候注意不光要赋予其人的动作，更要赋予其人的情感。如：

（1）春天，雪告别了。（很平淡的叙述，缺乏美感。）

（2）春天，在绿意内敛的山头，一把雪再也撑不住了，扑哧一声，将冷脸笑成花面。（将春天写得充满生机又可爱，有一种活泼之美。）

比喻的运用要注意追求新奇和贴切，其中贴切尤其重要。如：

（1）你的房子小得像一只蜗牛壳。

（2）你的房子小得像一朵蘑菇。

第一句是常见的比喻句，很普通，第二句的比喻虽然感觉更新鲜一些，但是蘑菇与房子在形状和作用上缺乏相似性，因此第二句反而不如第一句。

排比。很多同学喜欢将排比用在开头，其实这样容易让开头显得冗长，反而不利于突出重点，所以建议将排比句放在靠近结尾的议论、抒情段落中。

另外，在开头使用设问，在段落间使用反复和对偶都能很好地提升文章的文采。

方法二：多引用、化用

阅读面广、知识面宽、文化底蕴丰厚的同学，在符合题意的前提下不妨多引用、化用名言警句，以尽情展示自己的才华。本专题的作文几乎都使用到这一方法。在运用的时候可以适当将引用或化用与其他的修辞手法结合起来，会更让人觉得文采斐然。比如：

于是，我逐渐体会到了"春风又绿江南岸，明月何时照我还"中那浓浓的乡愁，感受到了"十年一觉扬州梦，赢得青楼薄幸名"的潇洒，明白了诗人"无边落木萧萧下，不尽长江滚滚来"的忧愁，懂得了"晓来谁染霜林醉，总是离人泪"的哀婉。

这一段话妙在引用与排比修辞手法的兼用——引用了许多诗句，并用排比的句式将它们串联起来，尽显才华与气势。

不直接引用，而是化用诗词中的意象，有时会更具有信手拈来的轻松感。如：

思念使"诗圣"的故乡月明，思念使女词人瘦比黄花，思念使豪放派鼻祖幽梦还乡，相顾无言泪千行。

方法三：长散结合，让句式富于变化

语言除了内容上要进行加工，形式上也应富于变化。一篇文章如果全是散句，会让人产生零碎、稚气的印象；而一篇文章全是长句不仅读起来累，写的时候也容易产生病句。因此我们写作时要注意长散句的结合，整句和散句、长句和短句灵活搭配，交替使用，语言就会变化多姿，产生特殊的美感。如：

我爱老人的微笑，深邃悠长，犹如一杯黑色的咖啡，只有细细品味才能体味到苦涩中所蕴含的淡淡的余香。

读懂微笑，其实就是用心灵去感悟月的朦胧，星的灿烂，花的嫣然，泪的晶莹，还有生命的沧桑与美丽。

有时候整齐的骈句也是不错的选择，如：

幸福若诗，平静悠远；幸福若茶，平淡香醇。

高效训练

请从以下两个题目中任选一个，运用今天所学的方法，写一篇不少于600字的作文。

题目一：诗人臧克家曾说："读过一本好书，像交了一位益友。"从小到大，你应该读过不少的书，请以"以书为友"为题，说一说你和书的故事。

　　题目二：我们已经学过很多文学家的作品，从中了解到他们的思想感情和精神追求。你最欣赏哪一位？读了他的作品，你是否心潮起伏？请以"致＿＿＿＿先生"为题，写一封信，与他展开一场跨越时空的对话。（注意书信的格式：称呼、问候语、正文、祝颂语、署名、日期。）

"绽放"专题

> 沉香树被划开缺口后，形成一道痂，这道痂燃烧后能散发迷人的香气。就像人生，人生也有缺口，也会结痂；不幸和磨难不可避免，但受伤未必是一件坏事。有时候，它可以让生命之花绽放得更美丽。请以"苦痛后的绽放"为题作文。

名作赏读

沉 香

鲍吉尔·原野

在海南，我见到沉香树。外观上，沉香树并不比其他热带树木更奇特，像一个内心丰富的人在人堆里并不扎眼一样。缔结沉香的树不会高耸入云如椰子树，也不会开花热烈如木棉树，它厚朴，或者说此生厚朴。沉香之香是它酝酿的来生，如果没有发现树木伤口的结痂，如果没人去烧这块木片似的结痂，世上就没人知道沉香。

是什么人会想到烧一下沉香树伤口的结痂？为什么是烧呢？他可能把热带植物的根、茎、叶、花、果都烧过，嗅一嗅哪个香，即便被毒树熏至昏厥仍在烧，直至找到沉香。开始，这个李时珍式的奇人并未以烧树为己任，他先把所有草木的根茎叶尝一遍，对治他身上的奇疴，无效有恙。他愤怒地把它们一样一样扔进火里，烧到沉香树时，上帝在天边露出笑容，香来了。

物不在乎被发现，它们有自己的灵魂，附着于大自然之中。芳香、甜蜜、坚实、笔直是植物们现世的荣耀，只有沉香木有来生，而它的来生被人窥破，竟在伤痂里。沉香树朴素，树干显得圆拙一些，看不到香樟树的富贵气派；它的叶子普通，四、五月份开出的花朵微红带紫，也没什么香气。它就这样长着，像集市上的海南农夫一样普通，谁也没想到沉香生在这样的树上。树遭雷劈蛇咬之后，疗伤的分泌物在伤口凝聚，又在真菌的干预下结成沉香，被人类誉为"聚日月之精华"的珍品。

点燃沉香，开始没察觉它汇聚了怎样的日月精华，香烧尽了，也没觉出来精华在哪里。我燃香喜欢观烟。这支细细的沉香斜插在白米粒上，它的躯体（或许包括灵魂）在烟的舞蹈中消失。沉香不是香水，无须像狗一样用鼻子探究它。沉香的神秘首先在烟雾的形态里，沉香的烟比其他香更细腻，人的视网膜观烟雾实在很粗陋，只见到烟的线条而见不到烟的颗粒，如用超微摄像机拍下来慢放，其图像应该是一颗颗圆珠排列而出，色彩不灰，由红变为白，在热力中滚滚上升，但我们只长了人的眼睛，就用人眼睛对付看烟吧（鸟类学家说鹰的眼睛可看到鸟类在空中扇动翅膀的频率）。人眼看烟雾，可看出其艺术性，由此想到怀素、张旭，烟雾在上升中转折，人却说不出线条从哪个地方转折，正琢磨，转折的线条又转折了，与草书笔势相同。沉香的烟势挺拔，我拿出另一种香点燃对比，后者雾气疲软，爱分岔，跟营养不良头发分岔的意思差不多。

我把沉香放在主卧室如布达拉宫那种铁红色的墙壁前观赏，香的烟气像一支马蹄莲，笔直地拔上去，在高高的地方分开，它上升的样子十分沉静，烟柱保持同样的精细，仿佛上方有一个东西吸着它们。烟气散开时淡了，如一朵花的影子，烟的花朵开放后，依然不忍离开，有流连，似回头观望。看烟气动摇，人却感觉非常静，或言之，你不觉得它动，它却在动，幡不动风动，如老庄所说"静极生动"；观其他事物的动——鸽群飞翔，溪水湍流，均生不出静态感。唯观香，愈看其动愈觉其静。动和静真是不好言说的东西，它们会在一些地方重合。

地球据说是动的，但我们觉不出来。白云显然在的——我小时候见过的那朵白云早不见了——但我们抬头看云，云并不动。人低头系鞋带的工夫，云没了，投入另一朵云的怀抱，曰"改嫁"。远看大河未流，如一面镜子，进河方知漩涡奔涌，我在黑龙江差点溺毙，即被漩涡拖住了腿，人好在只有两条腿，若有四条腿早被它们拖进淤泥里了。人看了一辈子东西，看到的多是假象，人所乐所悲者，也因为把假相当成了真相。

练功的人，如京剧之盖叫天，书法之怀素，战将如曾国藩，都爱观香静坐。香之烟雾，似聚又散，如升却降。

观香实为观沉香木早年的痛。这世上，谁的伤疤被人燃烧？谁的痛苦散发香气？谁的血泪价值不菲？谁的回忆化为青烟？唯有沉香。所有名贵香水都有沉香的成分，它保持着香气的沉稳。沉稳是向下的力量，正如沉静也是一股大力量。

我观香很小心，这是一些伤口，伤口又莫名其妙变成了香雾。我一点点嗅这些香气，树木当年的痛苦和血泪变成了这样一种香味，似有若无，些许药性，像一个人憋了十年的痛苦经历突然不想说了。有些经历过大痛的人会变得空灵，沉香之香即空灵。人类常常述说自己的痛苦忍不住，人说出苦痛相当于把伤口又豁深了，永远结不成一个痂。沉香沉默，它用分泌液里的芳香安慰自己，它懂得怎么爱自己。

（注释：沉香是沉香木树干被一种微生物侵入寄生后发生生物化学变化，并经多年沉积而形成的一种特殊的生物化学物质。）

赏析

本文是借物喻人的散文。通过写沉香的形成、沉香燃烧时烟雾的特点等，赞扬了沉香顽强沉稳、内敛不俗、平和自在的品格，抒发了作者的人生感悟。

学习借鉴

"苦痛后的绽放"这一题目有两个关键词，一个"苦痛"，一个"绽放"，学生行文应该有"经历苦痛—获得启示—成功绽放"。审题时一定要注意：是"苦痛"不是"痛苦"。我们来看看二者的区别："痛苦"——因为痛而觉得苦。"苦痛"——因为苦而觉得痛。前者比较浅显，多为生理上的，后者更为深刻，多为肉体精神双折磨。对于初中生来说，成长路上受的挫折、磨难、困难，都可以认为是一种苦痛。"绽放"在这里是比喻生命之花得以绽放。也就是说，我经历了磨难，最终成长了。这样来看，这是一篇自我成长类的作文，学生在整篇作文中一定要体现出自己行为或思想前后的对比，这样才能扣题，体现出"绽放的美丽"。

蔡康永前段时间有个演讲，可作为对本题的注解。"心理学上面做过很多次测试：同样一件事情拿来问一群刚刚经历了回忆快乐情绪的人和刚刚经历了回忆悲伤情绪的人结论截然不同。经历快乐情绪的人作答的任性而乱七八糟；经历悲伤情绪的人作答的冷静而深刻。看来悲伤携带了一个奇异的特质，促使我们去深刻体会我们本来忽略的事情。"上天何等仁慈，它设置了悲伤携带者，让我们对人生的不断失去、不断失意深刻反刍，从而产生过硬的抗压能力。

在文章素材和结构的安排上，首先要有波澜，苦痛应该是一个转折点，一个成长的契机，不管是"我"受到外部的影响启发，还是"我"自身的反思领悟，一定是自我亲身经历过的，促使我发生转变的事件或情况。那么部分学生所写的"看到别人经历的苦痛，使我绽放"，很明显是离题作文。"绽放"可写内容也很多，可以是各方面的成长，品德、学习、能力、思想等。

（一）宝安二模试卷作文中存在的问题（阅卷老师总结）

1. 作文中普遍存在这样的问题

学生不知道怎么了就绽放了，行文缺少了最重要的过程。苦痛后绽放，应该是这样一个过程，经历苦痛—情感触动—思想领悟—行动改变（第三四个部分可以调换顺序）。三四部分一定要在文章结尾重点点出来，写出自己领悟的道理，写出自己行为上的改变。因此，文章详略安排上也要有所侧重，苦难要有，但不是重点，而成长是最重要的，很多学生都只是文章最后一段简单带过，明显详略不当。

2. 作文素材雷同，选材单一

改了六百多份作文，看到了太多以下素材：跳舞练琴好痛苦，体育中考拿满分；破蛹成蝶太壮观，小花小草迎风雨；名人故事最动人，实在不行加时事；写不出来想象凑，我是小鸭我是树；拿分心狠又手辣，非死不能算苦痛。

虽说我们不能排除这当中有真实的案例，但选材太接近、太雷同，确实影响阅卷老师的分数。

另外，还有一些乱七八糟的素材，需要严肃纠正。比如，有一篇作文，写的是我偷别人东西，被母亲责罚，这是我人生的苦痛，所以我做出了转变。

3. 套作太多，生硬突兀

到了二模，每名学生手上都有准备好的作文素材，这是好事。但因为平时缺少了审题的训练和化用素材的训练，导致此次二模发现有很多套作，甚至是完全与文题无关的所谓的"优秀"作文。比如，姥姥特别爱蔷薇，大量描写姥姥打理蔷薇的过程，语言精致、描写优美。后来姥姥死了，蔷薇败了，我成长了。文章最后一段，硬拉回来——"阵阵花香袭来，蓦然回首，蔷薇苦痛后的绽放更加艳丽，那沁人心脾的花香在我身边挥之不去。"很明显是为了扣题而生搬硬套，这就是篇典型的离题作文，是要严厉打压的。另外，我还看到了很多叙事混乱的作文，说明在考场上，学生整个思维就是乱的，还是平时作文积累不够。

4. 描写无病呻吟，段落零乱

不知道是不是受了大量畅销言情小说或网络热门文学的影响，学生笔下的文字越发显得矫揉造作，不知所云。华丽的只言片语也掩盖不了情感的缺失，乍一看语言优美，但实则空泛得很。这次改卷我还发现，以前学生喜欢三段论，不分段。现在的学生特别爱分段，一篇文章可以出现十几二十段，莫名其妙的一句话就可以独立成段，对文章的结构、立意表达毫无帮助。

（二）考场作文高分法宝

叙事是中考作文的基本考查点。叙事清楚就能拿到均分，描写生动就能达到二类卷，巧妙的哲理提升就能拿高分。事+情、事+理——是中考作文的基本结构。"备"作文的关键就是"备"鲜活的具有个人生活经验的事。

希望我们的学生都能在接下来备考的日子里，用心"备"作文，考出好成绩。

佳作示例

苦痛后的绽放

秋，在不经意中流淌而来……

空气中到处游动着浮躁的气息，阳光纷纷扬扬，秋风拥拥挤挤，我和爸爸僵持在车上——爸要我下车走路，我要爸爸开车送我回学校。

仿佛我和爸爸之间的爱之花就在此时凋谢了，留下的只有心里的苦痛。

事情的起因是我又把书本忘在学校了，而我快到家时才发现这件事，我拜托爸爸调转车头送我回校拿书，爸爸却觉得我经常丢三落四，一点也不吸取教训，拒绝开车送我回学校。车内短暂的寂静，仿佛能听见阳光落地的声音。

那皱起的眉头像一张揉皱的烂票子，这是我现在看到的父亲。"至于这么小气么，我还是亲生的。"我小声嘀咕着。"下车。"爸爸的语气更加生硬了，像一把利剑，寒光乍现。刺在我心里，很痛……

恍惚间，我闻到冬的气息，萧条冷寂。冬，不远了……最后我头也不回地下了车，向学校走去。

天空像是被肃风吹了整整一夜，干净得没有一朵云，只剩下孤独的蓝色。爸爸竟然不肯开车送我，他今天下午明明很空闲，而且开车的话也占不了他多少时间。真狠心。繁华的马路上车来车往，不断有小车从我身旁呼啸而过，仿佛在嘲笑我被冷落，顿时，我的内心更加痛苦，感觉心里的那朵花已经枯萎了，不再绽放……

当我拿到书再次走出校园时，天已经彻底黑了。校门口却站着一个熟悉的身影，是爸爸！

又是疑惑，又是惊喜，还有残留的几丝倔强。顿时，我不知道自己该不该走向爸爸，纠结之后的结果是装作没看见。

爸爸看到我，快步向我走来，没有丝毫犹疑。"拿到书了？走，一起回家！"爸爸像平常一样伸出手。我嘴角微微扬起，心中还有些小开心。这时我和爸爸的爱之花重新开起。

"你粗心，我没有改掉你粗心的毛病，我们都有错，一起受罚，走路回家吧。"

原来爸爸把车开回了家，又疾步走来接我，我们之间的爱之花正在悄然绽放。

秋风流浪而过，夹杂着冬季的寒意，带走了我的苦痛和误解，经过苦痛之后的花，绽放得更加精彩。

管他秋去还是冬来，爸爸在，温暖如春……

作者很聪明的化用最熟悉的亲情素材，事件小而具体，情感真挚，这也给大家提了醒，"苦痛"的形式、内容、程度对于每一个个体都是不一样的，如人饮水，冷暖自知，但是不管什么话题，从自己身边熟悉的人和事写起就不会错。

苦痛后的绽放

没有在茧中的奋死挣扎，蚕蛹不能破茧成蝶；没有在烈火中忍耐灼烧，凤凰不能浴火重生；没有经历过挫折、苦痛的绽放，青春也不会拥有其值得回忆的价值。

我的苦痛，来源于我的一身肉。

刚上初中，同学就给我取各种各样的外号，例如，"死胖子""大肥仔"这种，后来好些，叫我"大白"，但也没有逃脱掉"圆""胖"这种意思。这身肥肉给予我的痛苦不仅体现于此，还体现在烈日炎炎的体育课上，无论我如何迈开双腿，蓄足力气，却怎样也跑不快。这圆滚滚的肉球像千斤重的巨石，稳稳地将我的体育成绩压在了全班倒数。因为这一肚子的肥肉，我收获了同学的嘲讽以及难看的体育成绩。

因此，我咬牙攥拳下定了决心，一定要将它甩掉。我做了一份体重记录表，贴在了我家最显眼的地方，用于记录每天体重的变化。

减肥这件事并不是一开始就这么顺利的。

尤其刚开始那一天的记忆特别深刻。那天恰逢老爸的生日，当晚，老妈从厨房里端出一盘我最爱吃的红烧肉。望着那红彤彤冒着热气的美味，我的眼睛都绿了，赶忙上桌拿起筷子，就在这时，我的脑海里突然闪过了减肥的念头。顿时脑子里天使与恶魔交战，一个声音说："你还想不想减肥，才刚下决定没几天，你就要放弃了吗？"另一个声音说："别听他的，吃饱了才有力气减肥，吃一块又不会怎样。"我最终还是听了后者，吃了红烧肉。但第二天来到学校，听着熟悉的外号，想起表格上一成不变的体重，我心里满是后悔、遗憾。怀着这种心情，我减肥起来更加卖力了。

减肥这件事，如果说只能看不能吃是精神上的苦痛，那么体育锻炼就是肉体上的苦痛了。每天晚上，妈妈都会陪我到附近的公园里跑步。每当我跑到汗水从额头上滚落，砸在背上，我就会提醒自己为什么要这么辛苦。然后继续，直到跑到腿脚酸痛，四肢乏力，我才在妈妈的搀扶下回家，她还总是笑我："你看你，一身衣服泡在汗水里，臭死了，跟发霉的咸菜一样。"我听完只是笑笑。

三年后，我终于在日复一日、年复一年的苦难中绽放。我甩掉了一身的肥肉，连带着甩掉了自卑、嘲讽，绽放为阳光、大气的男孩。

在绽放的同时，苦难也结成了果。这颗果实告诉我，只有经历磨难，战胜磨难，你才能收获成功，感受成就感。这颗果实有一个名字——坚持不懈！

点评

在千篇一律的体育锻炼的素材上，这篇文章让人眼前一亮。从自身的缺陷出发，减肥的过程真实感人，最后点题也恰到好处，整篇文章看下来，非常接地气又不失点小幽默。

苦痛后的绽放

晨曦徐徐拨开了弥漫的黑，将丝缕微光筛进窗来，我缓缓起了身，将手轻靠在书椅上，脚尖朝里一翻，身子前倾，全身重力就加持在脚尖，仍是那尖锐的疼痛，我闻见了外边漫着的紫兰花的芬芳。

时光好像隔空变幻到了那个盛夏，盛夏的蝉鸣声此起彼伏，空气中弥漫着燥热的气息。训练室的空调坏了，才结束基本功的练习，我们便都气喘吁吁、汗流浃背了。短暂的休息过后，开始舞步的练习。站定好姿势，随着轻快乐曲的奏响，大家便翩然跳起舞来，勉强跟了好一大段，脚跟便传来噬骨的疼痛，随着脚尖一踮脚一跨，疼痛逐渐加深，我终于手忙脚乱起来。一个重心不稳，我便摔倒在地上。

老师连忙停了音乐，众人便围了上来。"你这个状态参加九月的考牌可不行呢，到旁边休息着吧。"老师温润的话语却刺得我的心隐隐作痛，从小少受打击的我在临近考试的日子肌肉拉伤了，我瞒着老师继续照常进行训练，本坚信自己能行，这才明白了不甘的滋味。

我拖着步子缓缓离开了，心里踌躇着，准备了那么久，到如今还剩短短一个月，我应该放弃吗？想着，忽嗅到一阵芬芳，循着香味一望，是一抹淡紫在墙角涂抹着。走近仔细一瞧，是一株矮小的紫兰花，不知何时在这小小的阴暗的角落扎了根。旁边存着细碎的石子，我轻轻抚过她的花瓣，她细细摩挲我的手掌，传来源源的力量。

我的心情豁然开朗了，小叶紫兰在这阴暗的条件下尚能茁壮成长，我不过这些伤痛，又有何畏惧的呢？一抹阳光透过窗抚在我的脸上，我正步回到了队伍中，继续参加着练习。

九月的考牌如期而至，母亲在门外为我录下了考核的场景。那自信的笑容，流畅的舞步，优美的姿态，我细细看着视频中的自己，有些难以置信，又似乎通悟了什么。

我朝角落走了过去，那时的小紫兰花已伸展了枝叶，生得茂密而美丽。原来真正的幸福并不是从快乐中得来，而是在苦难中得到的。

在苦难中成长，努力开出自己最美的花。

点评

作者语言文字功底特别好，考牌的练习和小紫兰花的开放都结合在一起，虚实相生，是老师一见倾心的文字。

技法指导

考场作文落笔前5分钟要这样思考：

磨刀不误砍柴工。拿到作文题，快速地审题、选择材料、文章布局、立意挖掘，就可能回避掉脚踩西瓜皮，写到哪里算哪里所带来的问题。

后期作文训练不宜过多地进行完篇训练。要有更多的落笔前5分钟的思考训练。

作文篇：一定要留足50分钟！

审题（跳过导语的陷阱！大题小做，小题大做。）—画思维导图—列提纲（明确事情+感情、详略、描写的对象、位置和亮点）—动笔写作文。

（1）一句话开头，扣题！（题目中的所有词语在第一段内可以找到，或者用近义词替换！）

（2）首尾呼应，揭旨升华。

（3）用"3"搭建文章框架：写3件事。写3个阶段：开端、发展、高潮和结局。写3个方面：人、景、情。写3种人：自己、参与者、旁观者。用3种描写：肖像，标题要求，自己擅长的。（语言描写要精炼，不用省略号。）

（4）七段为好。700字以上。一定要把作文写完！

（5）在试卷转折处，即答题卡的左下角和右上角有一个300字的重点描写段落。

（6）选材新颖，自己的独特经历最好，但绝不能透露个人信息。

最后的备考建议：除了必要的背诵及基础知识的复习外，还要每天坚持阅读一篇美文，保持对语言的敏感力。然后就是相信自己，坚定地走向人生的考场。祝福你们。

（注：本专题内容来自 2018 年宝安区二模考试的阅读和写作部分）

青春读写